Barbara Berckhan, geboren 1957, ist Diplom-Pädagogin und arbeitet freiberuflich als Kommunikationstrainerin in Hamburg.

Sie ist Autorin erfolgreicher Sachbücher:
Die etwas gelassenere Art, sich durchzusetzen.
Ein Selbstbehauptungstraining für Frauen. München 1995.
Die erfolgreichere Art (auch Männer) zu überzeugen. Frauen
überwinden ihre Redeangst. München 1999
So bin ich unverwundbar. Sechs Strategien, souverän mit Ärger
und Kritik umzugehen. München 2000.

Barbara Berckhan

Die etwas intelligentere Art, sich gegen dumme Sprüche zu wehren

Selbstverteidigung mit Worten

Mit Trainingsprogramm

WILHELM HEYNE VERLAG
MÜNCHEN

HEYNE RATGEBER

08/5366

Umwelthinweis:

Dieses Buch wurde auf chlor- und säurefreiem Papier gedruckt.

Taschenbucherstausgabe 10/2001

Copyright © 1998 by Kösel-Verlag GmbH & Co., München

Wilhelm Heyne Verlag GmbH & Co. KG, München

http://www.Heyne.de

Printed in Germany 2001

Illustrationen: Mathias Hütter, Schwäbisch Gmünd

Umschlaggestaltung: Eisele Grafik-Design, München, nach einer Idee
von Kaselow-Design, München

Druck und Bindung: Ebner Ulm

ISBN 3-453-18878-0

Inhalt

Die etwas intelligentere Art, Kontra zu geben

Es kann uns überall passieren. Im Kaufhaus antwortet der Verkäufer hochnäsig auf unsere harmlose Frage, die Arzthelferin wird patzig, weil wir einen früheren Termin brauchen. Auf der Familienfeier werden wir von Onkel Alfred gepiesackt. Am Arbeitsplatz provoziert uns der Kollege mit seinen blöden Sprüchen. Wir werden mit Worten angegriffen. Da ist die unsachliche Kritik, der blöde Spruch, die dumme Anmache. Natürlich können wir einfach zurückpöbeln. In der Regel lässt der Angreifer das nicht auf sich sitzen und sein Gegenschlag fällt noch härter aus. Dagegen wehren wir uns natürlich. Wie du mir, so ich dir. Das Ergebnis können wir uns jeden Tag auf unseren Straßen, in Talkshows, auf Familienfeiern ansehen: ein Schlagabtausch – hässlich, laut und überflüssig. Am Ende gibt es nur Verlierer. Leute mit einem himmelhohen Stresspegel, einem zerrütteten Nervenkostüm, schmerzhaften seelischen Wunden und dunklen Rachegelüsten (»Das muss ich mir doch nicht bieten lassen! Wehe, der kommt mir noch mal so! Na, der kann was erleben.«). Noch härter trifft es die Sprachlosen, die stumm bleiben, weil sie nach einer dummen Bemerkung vollkommen perplex sind.

Der große Traum aller Sprachlosen: Einmal richtig schlagfertig sein!

Erst viel später, wenn alles vorbei ist, fallen ihnen die passenden Antworten ein. Und dann sitzen sie

da, mit ihrem aufgestauten Ärger und den unausgespro-
chenen Retourkutschen. Der große Traum aller Sprachlosen
lautet: Einmal richtig schlagfertig sein! Mit einem genialen
Spruch den Angreifer in Erstaunen versetzen.

Seit ich als Kommunikationstrainerin arbeite, habe ich
immer wieder festgestellt, dass Menschen durch diese
dummen Bemerkungen, die kleinen Sticheleien und fiesen
Sprüche sehr verletzt werden. Kränkungen, die oft jahre-
lang nicht vergessen werden. Wie sehr Menschen davon
gequält werden, merke ich immer wieder in meinen Seminaren und Trainings. Die Seminarteilnehmer/innen stell-
ten dazu häufig dieselben Fragen: Was kann ich tun, wenn
mein Verhandlungspartner mich persönlich angreift? Wie
kann ich mich wehren, wenn mein Chef mich unsachlich
kritisiert? Was sage ich, wenn der Kunde mich am Telefon
beleidigt? Wie kann ich mich gegen meine Kollegin wehren, die mich mit ihren ständigen Sticheleien provoziert?
Genauso zurückschlagen? Oder nichts sagen? Oder gibt es
noch etwas anderes?

Ja, es gibt noch etwas anderes. Sie halten die Antwort
in den Händen. Ich habe im Laufe der letzten Jahre eine
Selbstverteidigung mit Worten entwickelt. Ein verbales
Judo, eine Art Gesprächs-Aikido für alle, die etwas intel-
ligenter Kontra geben wollen. Ich habe dafür die Grund-
techniken asiatischer Kampfkünste studiert. Besonders be-
geistert hat mich das Aikido. Eine Selbstverteidigungstechnik, die nur ein Ziel hat: den Angriff abzuwehren und
den Frieden wiederherzustellen. André Protin schreibt in
seinem Buch *Aikido*: »Im Aikido gibt es keinen Angriff.

Diese Kriegskunst ist von Grund auf so defensiv und ohne jede Absicht, zu kämpfen, dass sie keine Offensivstrategie lehrt ... Aikido ersetzt Körperkraft durch Sensibilität, Brutalität durch Eleganz.«

Dieses Prinzip habe ich auf die Selbstverteidigung mit Worten übertragen. So ist im Laufe der Jahre eine stattliche Anzahl von sprachlichen Würfen und Griffen entstanden, mit denen Sie sich verteidigen können. Dabei ist keine der Kontra-Antworten aus diesem Buch wirklich beleidigend oder entwürdigend. Obwohl einige recht heftig sind, habe ich bewusst auf Schläge unterhalb der Gürtellinie verzichtet. Erstens, weil es davon in der Welt genug gibt, und zweitens, weil es mir um eine intelligente Selbstverteidigung geht. Das Prinzip lautet: die

Die Attacke abwehren und dem Angreifer ein sachliches Gespräch anbieten.

Attacke abwehren und dem Angreifer ein sachliches Gespräch anbieten. Das geht nur, wenn Sie Ihr Gegenüber zuvor nicht beleidigt oder entwürdigt haben.

Was aber, wenn der Angreifer sich darauf nicht einlässt, sondern weiter attackiert? Alle Kontra-Antworten aus diesem Buch lassen sich bei sehr unterschiedlichen Angriffen verwenden und untereinander kombinieren. Wenn der zweisilbige Kommentar nicht ausreicht, kommt das verwirrende Sprichwort und anschließend das Kompliment, und danach gibt es mindestens noch vier weitere Möglichkeiten, sich zu wehren. Mit anderen Worten: In diesem Buch stehen so viele Kontra-Antworten, dass Sie sich damit stundenlang verteidigen können. Die Teilnehmer/innen meiner Verhandlungs- und Selbstsicherheitstrainings haben alle diese Strategien ausprobiert, verändert und verbessert. So sind wirklich alltagstaugliche Kontra-Antworten entstanden, mit denen Sie sich flexibel wehren können.

Das Buch ist in fünf große Teile untergliedert. Es fängt mit der Grundhaltung der Selbstverteidigung an – dem machtvollen Auftreten. Dann geht es weiter mit der Fähigkeit, sich nicht provozieren zu lassen. Im dritten Teil finden Sie seriöse und kuriose Kontra-Antworten. Im vierten geht es um die hohe Kunst der Selbstverteidigung, um den Umgang mit Beleidigungen und der Fähigkeit, mit einem Angreifer Klartext zu reden. Da lesen allein nicht genügt, können Sie im letzten Teil alle Selbstverteidigungsstrategien aus diesem Buch praktisch trainieren.

Dieses Buch hilft Ihnen auch dabei, alle hier beschriebenen Selbstverteidigungsstrategien im Alltag schnell umzusetzen. Deshalb sind die Kontra-Antworten im Text mit einem Kampfkünstler in Bewegung gekennzeichnet. Wie Sie mit diesen Kontra-Antworten ganz praktisch im Gespräch umgehen können, wird in vielen Beispielen beschrieben. Jeweils zwei zugewandte Köpfe markieren diese Gesprächsbeispiele.

Aber zu Beginn geht es nicht um Worte, sondern um die Energie, mit der wir auftreten. Es geht um die selbstsichere Ausstrahlung und unsere persönliche Macht.

Machtvoll auftreten

Wir verlassen die Opferrolle, indem wir wieder für uns eintreten. Wir feiern die Einzigartigkeit unserer verschiedenen Eigenschaften, aber auch diejenigen menschlichen Qualitäten, die wir mit anderen gemein haben. Wir sind nicht ausschließlich dadurch bestimmt, was andere von uns erwarten, sondern tun das, von dem wir wissen, dass es wichtig für uns ist.

Khaleghl Quinn

Der Aufprallschutz

Gibt es irgendeine Möglichkeit, die Patzigkeit und Schnodderigkeit anderer Menschen nicht an sich heranzulassen? Können wir verhindern, dass uns andere mit ihrer schlechten Laune anstecken? Die meisten kennen das aus dem Alltag: Ein aggressiver Gesprächspartner macht uns langsam, aber sicher wütend. Die miese Stimmung unter den Kollegen schwappt auf uns über und zieht uns mit runter. Wenn andere hektisch um uns herumflattern, werden wir mit der Zeit selbst nervös. Wir lassen uns anstecken. Die Gefühle von anderen springen auf uns über. Doch wer die Befindlichkeit anderer leicht übernimmt, kann leider auch schnell in einen Streit hineingezogen werden.

Viele Menschen, die im Service- und Verkaufsbereich arbeiten, wissen, dass sie eigentlich freundlich und geduldig mit Kunden umgehen sollten. Aber oft ist das Prinzip der Ansteckung stärker. Da bedient der Verkäufer eine patzige Kundin. In Windeseile hat der Verkäufer die Unfreundlichkeit der Kundin übernommen und lässt sie am nächsten Kunden aus. Dieser Kunde ist nun infiziert und geht mit hängenden Mundwinkeln aus dem Geschäft.

Zwischenmenschliche Grobheit breitet sich aus wie eine Grippewelle.

Mit seiner miesen Stimmung steckt er den Nächsten an. Zwischenmenschliche Grobheit breitet sich aus wie eine Grippewelle. Das passiert so häufig, dass wir es meistens schon für selbstverständlich halten. Derjenige, der die schlechte Laune eines anderen übernimmt, hat dafür meistens eine einfache Rechtfertigung: »Wie es in den Wald hineinruft, so schallt es heraus.« »Wer mir dumm kommt, dem komm ich auch dumm.« Das bedeutet so viel wie: Ich kann nichts dafür. Der andere hat Schuld. Wenn der mich so unfreundlich behandelt, dann werde ich eben auch so. Aber im Grunde heißt das: Mein Gegenüber kann mich jederzeit in sein Abziehbild verwandeln. Jeder X-Beliebige kann mich in seine schlechte Laune hineinziehen. Wenn wir uns wirkungsvoll gegen Angriffe verteidigen wollen, wird das zum Problem. Wir brauchen starke Abwehrkräfte gegen die Launen anderer Leute. Und dafür ist es wichtig, ein kleines Stück über den Dingen zu stehen.

So können Sie sich gegen Unfreundlichkeit schützen

Selbstverteidigung beginnt immer mit einer Unabhängigkeitserklärung: Meine Stimmung mach ich nicht abhängig von anderen. Solange unsere Stimmungen und Gefühle abhängig davon sind, wie andere uns behandeln, hängen wir wie ein Fisch am Haken. Zieht jemand an der Leine, fangen wir an zu zappeln. Erst wenn wir es schaffen, gelassen zu bleiben, kriegen wir einen klaren Kopf und können uns wirkungsvoll verteidigen. Innere Stärke beruht darauf, dass wir uns nicht in die Seltsamkeiten anderer Menschen verstricken. Egal, wie es in den Wald hineinruft – ab jetzt bestimmen Sie, wie es herausschallt. Dazu brauchen Sie die Fähigkeit, sich innerlich abzuschotten. Dieses innere Zumachen nenne ich den *Schutzschild*. Ihr Schutzschild ist ein persönlicher Airbag, ein Aufprallschutz, der dafür sorgt, dass das, was andere ablassen, Ihnen nicht unter die Haut geht. Um sich wirkungsvoll zu schützen, genügt ein mentaler (gedanklicher) Schild.

> **Selbstverteidigung beginnt mit einer Unabhängigkeitserklärung: Meine Stimmung mach ich nicht abhängig von den Launen anderer Leute.**

Den inneren Schutzschild aufbauen:
1. Erinnern Sie sich bitte an eine Situation, in der Sie kühl und gelassen reagiert haben, obwohl die Situation turbulent und aufre-

gend war. Tauchen Sie in Ihrer Erinnerung nochmals ganz in diese Situation ein. Vergegenwärtigen Sie sich das Gefühl, dass Unannehmlichkeiten an Ihnen abprallen wie ein Tischtennisball von der Tischtennisplatte.

2. Lassen Sie innerlich das Gefühl wachsen, dass Sie sich schützen können, indem Sie eine Art unsichtbaren Schutzschild um sich herum aufbauen.

3. Stellen Sie sich vor Ihrem geistigen Auge einen Schild vor, durch den Sie alles sehen und auch hören können, ähnlich wie das dicke Glas vor einem Bankschalter. Diesen Schutzschild können Sie jederzeit und an jedem Ort aufbauen.

4. Finden Sie selbst einen passenden Satz als › Begleitmusik‹ zu Ihrem Schutzschild. Sagen Sie zu sich selbst etwas wie: »Das lass ich beim anderen.« Oder: »Das hat jetzt nichts mit mir zu tun.« Oder: »Das trifft mich nicht.«

Diese Anleitung stammt aus meinem Buch: *Die etwas gelassenere Art sich durchzusetzen*, S. 216.

Der Schutzschild

Bauen Sie in Gedanken diesen durchsichtigen Schutzschild in einem geeigneten Abstand vor sich auf. Sie können alles hören und klar sehen, aber Sie sind dahinter perfekt geschützt. Die Launen und Stimmungen anderer treffen Sie nicht mehr. Sie sind ruhig und sicher in Ihrem eigenen Gefühls- und Gedankenraum. Von dort aus können Sie freundlich, sachlich und ruhig reagieren. Draußen tobt vielleicht ein Sturm, aber der kann Ihnen nichts anhaben.

Mit Hilfe dieses Schutzschildes können Sie schwierige Gespräche meistern. Sie sind auch in der Lage, ruhig und konzentriert mit Leuten zu reden, die Ihnen das Leben schwer machen.

Reden, ohne den Faden zu verlieren

Für Richard war der Schutzschild eine große Erleichterung. Als Geschäftsführer einer Baufirma hatte er fast täglich mit Zulieferern und Behördenvertretern zu tun. Richard konnte gut verhandeln – bis auf eine Ausnahme: Immer, wenn sein Gesprächspartner kritisch die Augenbrauen hochzog oder stumm mit dem Kopf schüttelte, verlor er den Faden. Er kam völlig aus dem Konzept. Einige seiner Verhandlungspartner waren von der ersten Gesprächsminute an ablehnend. Sie empfingen ihn kühl, schauten die ganze Zeit aus dem Fenster, verschränkten die Arme und waren wortkarg. Damit war Richard von Anfang an verunsichert. Er redete viel zu schnell, verhaspelte sich und war anschließend ärgerlich, weil er nicht

ruhiger geblieben war. Gegen die ablehnende Ausstrahlung seiner Verhandlungspartner konnte er sich nicht wehren. Jedes Zeichen von Unhöflichkeit oder Desinteresse
verunsicherte ihn. Damit war er leicht zu manipulieren.
All das wusste Richard sehr genau, aber bisher fehlte ihm

Besonders empfindsame und kreative Menschen brauchen ihren persönlichen Schutzschild.

eine konkrete Lösung. Erst mit Hilfe des Schutzschildes konnte er die
Reaktionen seines Gesprächspart-
ners auf Abstand halten. Er baute
vor jeder Verhandlung einen men-
talen Schutzwall vor sich auf. Dadurch ließ er die Stimmung des anderen einfach nicht mehr so dicht an sich
herankommen. Was immer sein Gegenüber mit dem Kopf,
den Augenbrauen, Mundwinkeln, Armen oder Beinen ver-
anstaltete, Richard blieb jetzt unerschütterlich bei dem,
was er sagen wollte. Er bekam mit, was bei seinem Gegenüber vor sich ging. Aber es verunsicherte ihn nicht mehr.
Er konnte reden, ohne den Faden zu verlieren.

Hartnäckig und gelassen verhandeln

Alle Berufsgruppen, die es mit unfreundlichen Menschen
zu tun haben, brauchen so einen Aufprallschutz. Dort, wo
Beschimpfungen, Beleidigungen, aufgebrachte Kunden
zum Arbeitsalltag gehören, müssen sich die Mitarbei-
ter/innen gut abschirmen können. Wer dort › nackt‹ ist,
hält den Job nicht lange durch. Und tatsächlich haben

diejenigen, die diese Berufe länger ausüben, ihren persönlichen Airbag entwickelt.

Aber auch Menschen, die kreativ und sehr engagiert
sind, brauchen einen guten Schutz, um in dieser rauen
Welt bestehen zu können.

Ich erinnere mich an eine Gruppe von jungen Künstlern
(aus den Bereichen Malerei, Bildhauerei, Grafik), für die
der Schutzschild enorm wichtig war, um ihre Arbeiten
besser verkaufen zu können. Ich führte für diese Künstler
und Künstlerinnen ein Verhandlungstraining durch. Alle
waren zutiefst mit ihrer Kunst verbunden. Deshalb fiel es
den meisten sehr schwer, um Geld zu verhandeln. Versuchte ihr Gegenüber den Preis zu drücken, nahmen sie
das persönlich. Wenn ihr Verhandlungspartner Ablehnung oder Skepsis zeigte, waren sie tief getroffen. Einige
gingen schon bei der leisesten Kritik an ihrer Arbeit sofort
an die Decke. Sie brachen die Verhandlung ab und wei-
gerten sich, mit solchen › Kunstbanausen‹ und › Bürokra-
ten‹ überhaupt noch ei⸍ Wort zu wechseln. So war es für
die meisten sehr mühselig, Geld zu verdienen. Diesen
Kreativen fehlte ein guter Airbag. Einfallsreich, wie die
meisten Künstler nun mal sind, entwickelten alle für sich
phantasievolle Schutzschilder. Mein Augenmerk war nur
auf einen Punkt gerichtet: Funktionierte der jeweilige
Schutzschild tatsächlich? Ich machte den Härtetest. In einem Rollenspiel spielte ich eine knallharte Verhandlungs-
partnerin, die nichts von Kunst verstand und der es nur
ums Geld ging. Konnte der Künstler oder die Künstlerin
souverän verhandeln, auch wenn ich die jeweiligen Arbei-

ten hart kritisierte? Ich versuchte erbarmungslos, den Preis zu drücken. Konnte der Künstler oder die Künstlerin gelassen bleiben und dagegenhalten? Konnten sie ruhig für ihre Arbeiten den entsprechenden Preis verlangen? Auch wenn ich plötzlich aufbrausend und laut wurde? Ich zog alle Register. Wir übten so lange, bis jeder und jede einen wirklich alltagstauglichen Schutzschild gefunden hatte, an dem alle diese Manöver abprallten. Am Ende waren die Teilnehmer/innen verblüfft, wie einfach es war, hartnäckig und gelassen zu verhandeln, wenn sie sich auf diese Weise wappneten.

Testen Sie Ihren Schutzschild

Sie können Ihren Schutzschild erproben. Suchen Sie sich dafür harmlose Alltagssituationen aus, in denen es um nichts geht. Zum Beispiel der Einkauf beim Bäcker, der Besuch beim Frisör, tanken an der Tankstelle. Bevor Sie das Geschäft betreten, bauen Sie bewusst Ihren Schutzschild auf. Halten Sie ihn aufrecht, bis Sie wieder draußen sind. Achten Sie darauf, dass es nicht zu anstrengend wird. Wenn Sie sich sehr abmühen, dann ist Ihr Schutzschild wahrscheinlich zu kompliziert. Viele machen zu Beginn den Fehler, einen aggressiven Schutzschild aufzubauen. Damit erschöpfen sie ihre Kräfte. Ihr Aufprallschutz ist keine Attacke gegen Ihre Umwelt, sondern nur eine sichere Abschirmung, ähnlich wie eine dicke Panzerglasscheibe. Wenn Sie wollen, können Sie dahinter sogar freundlich bleiben, wenn Ihnen jemand dumm kommt. Experimentieren Sie so lange, bis Ihr Schutzschild ohne Mühe funktioniert.

Achten Sie darauf, dass Sie Ihren Schutzschild flexibel auf- und abbauen können, ähnlich wie Sie eine Tür auf- und zumachen. Sie müssen die Tür nicht immer zumachen. Manchmal ist es ganz gut, Menschen, Stimmungen und Gefühle dicht an sich heranzulassen, ohne einen Schutzschild dazwischen. Nur wenn wir offen und empfindsam sind, können wir auch etwas genießen.

Wenn es für Sie besonders wichtig ist, sich im Alltag zu schützen, dann möchte ich Ihnen auch das Kapitel *Nehmen Sie es nicht persönlich* ab Seite 95 empfehlen. Dieses Kapitel ist eine Ergänzung zu dem Schutzschild. Dort erfahren Sie, wie Sie einen Angriff vollkommen auf Distanz halten und den Gegner mit Worten nüchtern abbügeln können. Im nächsten Kapitel geht es um Ihr Auftreten, um das, was Sie ausstrahlen. Denn allein durch Ihre Ausstrahlung können Sie Ihrem Gegenüber zeigen, dass Sie unangreifbar sind.

Die selbstbewusste Ausstrahlung

Wenn Sie sich klein machen, fühlen sich andere eingeladen, auf Ihnen herumzutrampeln. Wenn Sie wie ein liebes Lämmchen wirken, locken Sie bissige Wölfe an. Angreifer bevorzugen Menschen, die nicht im Vollbesitz ihrer persönlichen Macht sind. Wer andere attackiert, will meistens nicht kämpfen, sondern nur gewinnen, möglichst ohne selbst dabei getroffen zu werden. Dafür braucht der Angreifer ein Opfer, das es ihm nicht zu schwer macht. Jeder geübte Angreifer wittert, wer sich als Opfer eignet, bei wem der Sieg relativ sicher ist. Dabei reagiert der Angreifer unbewusst auf bestimmte Signale, die das Opfer ausstrahlt. Ich nenne diese Opfer-Signale ein Machtvakuum. Das Wort Machtvakuum stammt von Khaleghl Quinn, einer britischen Trainerin für körperliche Selbstverteidigung. Ich schätze besonders ihr Buch *Art of Self-Defence* (der deutsche Titel lautet: *Hände weg!*). Sie beschreibt, wie

Wenn Sie wie ein liebes Lämmchen wirken, locken Sie bissige Wölfe an.

wichtig das selbstbewusste Auftreten ist, um einem körperlichen Angriff vorzubeugen. Wer gebeugt, gedrückt und zusammengezogen durch die Straßen geht, sendet Opfer-Signale aus. Von solchen Menschen erwartet ein möglicher Täter wenig Widerstand. Ein Machtvakuum zieht Angreifer an. Es lohnt sich also, diese Opfer-Signale etwas genauer unter die Lupe zu nehmen.

Die Zeichen der Machtlosigkeit

Schauen wir uns einmal an, wie ein solches Machtvakuum konkret aussieht. Diese Menschen

– wirken insgesamt zurückgenommen;
– stehen und sitzen leicht geknickt, oft ist der Brustkorb etwas eingefallen;
– neigen dazu, die Schultern leicht hochzuziehen;
– haben oft einen unsicheren Blickkontakt;
– lächeln häufig, um den Gesprächspartner zu beschwichtigen;
– nehmen im Stehen und Sitzen wenig Platz in Anspruch. Ihre Arme und Beine bleiben dicht am Körper.

Die geknickte Haltung – das Machtvakuum wird auch in der Körpersprache sichtbar

Das Machtvakuum führt dazu, dass sich diese Menschen zu viel anpassen und ihre eigenen Rechte zu wenig vertreten. Menschen mit einem Machtvakuum

– fällt es schwer, Grenzen zu setzen und andere in ihre Schranken zu verweisen;
– weichen Konflikten oft aus;
– gehen sehr auf andere ein und lassen sich leicht von den eigenen Zielen abbringen;
– sind in der Rolle des höflichen, lieben und netten Menschen gefangen;
– bekommen schnell ein schlechtes Gewissen, wenn sie sich durchsetzen und auch mal Nein sagen;
– fällt es oft schwer, den Kontakt zu rücksichtslosen oder gewalttätigen Leuten abzubrechen.

Im Sprachgebrauch neigen Menschen mit einem Machtvakuum dazu, sich zu viel und zu oft zu entschuldigen, z.B.: »Verzeihen Sie, aber ich muss noch mal nachfragen.« »Pardon, aber ich möchte das nicht kaufen.« »Entschuldigung, aber ich sehe die Sache etwas anders.«

Außerdem neigen sie dazu, sich selbst herabzusetzen und abzuwerten. Beispielsweise so: »Wahrscheinlich langweile ich Sie, aber der Punkt ist noch unklar.« »Ich versteh nichts von dem Thema, aber ich möchte doch ...« »Ich bin nur ein kleiner Angestellter.« »Ich bin nur eine Hausfrau.«

Oft werden die eigenen Standpunkte abgeschwächt durch Worte wie »vielleicht«, »eigentlich«, »irgendwie«, »eventuell«. »Eigentlich würde ich ganz gerne jetzt mit Ihnen reden.« »Ich denke, vielleicht könnte man ja even-

tuell die Sache anders regeln.« »Ich irre mich wahrscheinlich, aber haben wir das damals nicht irgendwie anders
beschlossen?«

Der Preis fürs Geliebtwerden

Woher kommt nun diese mangelnde persönliche Autorität? Menschen mit einem Machtvakuum wurden nicht so
geboren, sondern sind so erzogen worden. Irgendwann im
Leben, meistens schon in der frühen Kindheit, wurde ihre
persönliche Macht Stück für Stück eingeschränkt. Wer
brav war, hatte es leichter. Wer Widerworte gab, wurde
bestraft. So wurde aus dem Kind
ein netter Junge oder ein liebes   **Signalisieren Sie, dass**
Mädchen, ein pflegeleichter Son-   **Sie kein Opferlamm sind.**
nenschein für die Erwachsenen.
Dafür mussten die Kinder etwas von ihrem Eigenwillen
aufgeben. Aus dem »Ich-will-es-so!« wurde ein »Wie-ihr-
wollt«. Das war der Preis fürs Geliebtwerden. Aus den
artigen, höflichen Kindern wurden angepasste Erwachse-
ne, die einen Teil ihrer persönlichen Macht nicht in Besitz
genommen haben.

Um aus der Opferrolle herauszukommen, brauchen wir
zuerst unsere persönliche Macht und zwar zu hundert Prozent. Nur so signalisieren wir einem potentiellen Angreifer,
dass wir kein Opferlamm sind. Dabei müssen wir uns nicht
übertrieben aufblasen oder auf die Brust trommeln. Es reicht,
wenn uns die persönliche Macht wie eine Aura umgibt.

Pralle Verteidigungsbereitschaft schreckt den Angreifer ab

Wie sehr Angreifer unbewusst von der persönlichen Autorität ihres Gegenübers beeinflusst werden, zeigt das Beispiel von Kerstin, einer Teilnehmerin aus einem Selbstbehauptungstraining. Kerstin arbeitete in einem Handwerksbetrieb. Einer ihrer Kollegen piesackte sie jeden Morgen mit kleinen und größeren Bissigkeiten. Sie reagierte darauf jedes Mal empört und hilflos. Dadurch machte dem Kollegen die Sache noch mehr Spaß. Seine Sprüche wurden im Laufe der Monate immer bösartiger. Als ich Kerstin kennen lernte, war sie in der Rolle der netten Frau gefangen. Sie war immer höflich, umsichtig und hilfsbereit. Aber sie konnte nicht so richtig schroff, abweisend und aggressiv sein. Selbst dann nicht, wenn es nötig gewesen wäre. Ihr fehlte innerlich das Gegenstück zur netten Frau. Es war so, als würde sie auf einem Bein hinken – dem netten, freundlichen Bein. Das andere – machtvolle, aggressive – Bein, benutzte sie nicht. Es war vollkommen untrainiert. Wenn es darum ging, jemanden in die Schranken zu verweisen, war Kerstin wie gelähmt. Somit war sie das perfekte Opferlamm für alle bissigen Wölfe. Die witterten, dass Kerstin auf einem Bein hinkte und ihnen niemals gefährlich werden konnte. Und so geriet Kerstin immer wieder in Situationen, in denen sie missachtet, angegriffen oder schlecht behandelt wurde. In dem Seminar ging es

Um mit blöden Bemerkungen fertig zu werden, brauchen Sie Ihre ganze persönliche Macht!

für sie darum, auf beiden Beinen zu gehen. Dem netten, freundlichen, aber auch dem abweisenden, aggressiven Bein. Um mit blöden Bemerkungen fertig zu werden, brauchte sie ihre ganze persönliche Macht. Da sie von dem ewigen Opfersein die Nase voll hatte, entwickelte sie recht schnell ihre durchsetzungsfähige Seite. Sie war fest entschlossen, mit beiden Beinen im Leben zu stehen. Noch während des Seminars bereitete sie sich gründlich auf die nächste Begegnung mit ihrem Kollegen vor. Kerstin hatte vorgesorgt. Sie hatte die passenden Kontra-Antworten auf seine blöden Bemerkungen auf einen Zettel geschrieben. Der steckte in ihrer Handtasche. »Falls mir im Ernstfall nichts einfällt, schaue ich auf den Zettel und such mir die beste Antwort raus«, sagte sie resolut. Dieses neue Selbstbewusstsein, diese Gewissheit, sich jetzt wehren zu können, und die Vorfreude darauf, endlich passende Antworten zu geben – all das sprang ihr aus dem Knopfloch. Fix und fertig vorbereitet, kam sie morgens zur Arbeit. Sie begrüßte ihren Kollegen und erwartete seine übliche Anmache. Aber zu Kerstins Überraschung blieb der Kollege stumm. Kerstin berichtete: »Er sagte nur ›Guten Morgen‹ zu mir. Aber das war schon alles. Was ist denn nun los, dachte ich. Endlich weiß ich, wie ich ihm Kontra geben kann, und nun kommt keiner seiner Sprüche mehr. Ich hätte so gern trainiert.« Auch in den nächsten Wochen kam von dem Kollegen keine dumme Bemerkung

Stärke schreckt ab.

mehr. Kerstin hatte ihre Ruhe. Sie hatte durch ihre neue, selbstbewusste Ausstrahlung die gesamte Situation verän-

dert – ohne ein Wort zu sagen. Sie war kein hilflos-empör-
tes Lämmchen mehr. Genau das hatte der Kollege unbewusst wahrgenommen. Er witterte ihre neue, kraftvolle
und resolute Seite. Diese Stärke schreckte ihn ab. Er musste
damit rechnen, dass es jetzt auch für ihn ungemütlich
werden konnte.

Das, was Kerstin passiert ist, erleben viele meiner Semi-
narteilnehmer/innen. Nach den Seminaren strahlen sie
aus, dass sie sich wehren können. Viele freuen sich direkt
darauf, ihr neues Können endlich einmal auszuprobieren.
Aber den meisten geht es so wie Kerstin. Diese pralle
Verteidigungsbereitschaft schreckt die Angreifer ab.

Gedanken, die uns behindern

Wenn Sie mehr Macht und Autorität ausstrahlen wollen,
dann achten Sie zunächst einmal darauf, wodurch Sie Ihre
persönliche Macht einschränken. Horchen Sie in sich hinein, besonders wenn Sie sich durchsetzen oder behaupten
wollen. Was geht Ihnen dabei durch den Kopf? Machen
Sie sich innerlich selbst klein? Haben Sie solche oder ähn-
liche Gedanken?

- »Dagegen komme ich nicht an.«
- »Der (oder die) wird mich doch auslachen.«
- »Dem gehe ich bestimmt auf die Nerven.«
- »Ich langweile alle mit meinem Gerede.«
- »Wahrscheinlich störe ich nur.«
- »Ich hab eigentlich kein Recht, mich zu beklagen.«

- »Auf mein Gejammer hat der/die sicherlich nicht gewartet.«
- »Damit werde ich mich restlos blamieren.«
- »Ich darf nicht so empfindlich sein.«
- »Ich bin nur eine Hausfrau.« »Nur eine Frau ...« »Ich bin zu alt.« »... zu jung.« »Nur eine Schreibkraft.« »Nur ein ...«

Wenn Sie bewusst mitbekommen, wie Sie sich selbst in eine machtlose Position bringen, dann haben Sie schon fast gewonnen. Wenn Ihnen **Geben Sie sich die Erlaubnis, mächtig und stark sein zu dürfen.** klar wird, wodurch Sie einen Teil Ihrer persönlichen Autorität verlieren, können Sie gegensteuern. Bewusstsein ist der Schlüssel, um sich zu verändern. Geben Sie sich die Erlaubnis, mächtig und stark sein zu dürfen.

Machtvoll auftreten

Machtvoll auftreten können Sie trainieren, es ist gar nicht so schwer, wie manche glauben. Hier ein paar Tipps:

- Machen Sie sich nicht kleiner und schmaler, als Sie sind: den Rücken gerade und lang, die Schultern tief und breit.
- Schauen Sie Ihrem Gegenüber ruhig und gesammelt in die Augen, vor allem, wenn es mulmig oder unangenehm wird.

- Seien Sie freundlich, aber ohne dabei vor anderen zu buckeln. Kein unterwürfiges Beschwichtigungslächeln, kein nettes Hab-mich-lieb-Lächeln.
- Lachen Sie niemals, wenn andere Sie verspotten oder auf Ihre Kosten Witze reißen. Alles, was Ihnen die Würde nimmt, untergräbt Ihre persönliche Autorität.
- Beschimpfen Sie sich nicht selbst (»Ich Idiot!«). Kokettieren Sie nicht mit Ihren Schwächen und Fehlern, um sympathisch zu wirken.
- Sagen Sie klipp und klar, was Sie wollen und was Sie nicht wollen. Sagen Sie das in einfachen, kurzen Sätzen ohne Schnörkel und lange Rechtfertigungen.
- Betteln Sie nicht um Verständnis. Sie haben ein Recht auf Ihre Wünsche und Ihr Nein, auch wenn Ihr Gegenüber dafür kein Verständnis zeigt. Bleiben Sie beharrlich, wenn andere Ihre Wünsche nicht respektieren. Wiederholen Sie Ihren Wunsch einfach immer wieder.
- Würde und Respekt sind keine Einbahnstraße. Behandeln Sie andere so, wie Sie selbst behandelt werden wollen.

Ohne persönliche Macht würden die besten Kontra-Antworten wirkungslos verpuffen. Aber mit der entsprechenden Kraft kann selbst ein harmloses › Hallo‹ erschreckend klingen. Entscheidend ist die Energie, die hinter den Worten steht.

Trotz Schutzschild und selbstbewusster Ausstrahlung können wir nicht restlos verhindern, dass jemand uns eine blöde Bemerkung vor die Füße wirft. Wenn Ihnen das passiert, dann haben Sie keinen Fehler gemacht, sondern Ihr Angreifer. Also machen Sie sich keine Vorwürfe, sondern kümmern Sie sich sofort um Ihr Wohlbefinden. Was Sie gleich nach einem Angriff für sich tun können, erfahren Sie auf den folgenden Seiten.

Raus aus der Ohnmacht: Die erste Hilfe nach dem Angriff

Ich bin total perplex, wenn mir jemand einen blöden Spruch an den Kopf wirft«, sagte ein Teilnehmer in einem Verhandlungstraining. »Ich steh dann da wie ein begossener Pudel und bring kein Wort heraus.« Angreifer kündigen ihre Attacken gewöhnlich nicht an. So mancher dumme Spruch trifft uns wie aus heiterem Himmel. Durch diesen Überrumpelungseffekt verschlimmert sich die Attacke. Zuerst der plötzliche Angriff und dann das Gefühl, ausgeliefert zu sein – beides zusammen ist besonders verletzend. Genau dadurch entsteht die Sprachlosigkeit nach einem dummen Spruch. Obwohl alle Gedanken im Kopf wild durcheinander wirbeln, fällt uns nichts Passendes ein. Normalerweise schluckt der Angreifer unsere gesamte Aufmerksamkeit. Wir achten nicht mehr auf uns selbst, sondern sind völlig auf den anderen fixiert. Das nimmt uns die Kraft. Um diesen Bann zu brechen, ist es wichtig, dass wir unsere Aufmerksamkeit vom Angreifer abziehen.

Nicht Ihr Angreifer ist der wichtigste Mensch, sondern Sie sind es.

Nicht Ihr Angreifer ist der wichtigste Mensch, sondern Sie sind es. Zuallererst geht es um Ihr Wohlbefinden. Was immer Ihr Widersacher getan hat, zuerst sorgen Sie dafür, dass es Ihnen besser geht. Sofort. Der Angreifer kommt später dran.

Zu diesem Zweck habe ich eine Art Erste-Hilfe-Set

entwickelt. Damit können Sie nach einer dummen Bemerkung sofort die Lähmung abschütteln und wieder zur Besinnung kommen – noch bevor Sie auf den Angriff direkt antworten.

Erste Hilfe nach einem Angriff

- *Atmen Sie. Atmen Sie tief ein und aus.*
  Plötzliche Attacken erschrecken uns. Wenn wir erschrocken sind, halten wir die Luft an. Das geschieht ganz automatisch. Aber unser Gehirn braucht Sauerstoff, um gut denken zu können. Unsere Stimme braucht Luft, sonst klingt sie fiepsig. Also lassen Sie Luft in Ihre Lungen. Bevor Sie dem Angreifer irgendetwas zurückgeben, nehmen Sie sich den nötigen Sauerstoff. Atmen Sie sofort nach dem Angriff tief ein und aus.
- *Halten Sie Abstand.*
  Sorgen Sie dafür, dass Sie um sich herum Platz haben. Ohne genügend Raum können Sie keinen klaren Gedanken fassen. Treten Sie ein, zwei Schritte zurück. Rücken Sie mit Ihrem Stuhl nach hinten oder zur Seite. Falls Sie bei einem Angriff sitzen, können Sie auch einfach aufstehen.
- *Bleiben Sie gelassen. Setzen Sie sich nicht unter Druck.*
  Sie wollen möglichst wie aus der Pistole geschossen witzig oder souverän antworten und damit den Angreifer verblüffen? Vergessen Sie's. Ihre Ansprüche sind zu hoch. Zu hohe Ansprüche erzeugen Druck. Wenn Sie

sich unter Druck setzen, fällt Ihnen erst recht nichts ein. Schrauben Sie also Ihre Ansprüche herunter.

- *Nehmen Sie sich Zeit.*

  Jede/r Angreifer/in will sehen, ob die Attacke erfolgreich war. Ihr Widersacher wird auf Ihre Reaktion warten. Sie haben also Zeit. Lassen Sie den Angreifer schmoren. Denken Sie in aller Ruhe nach. Meditieren Sie. Sagen Sie dem Angreifer, dass Sie auf diese Bemerkung morgen antworten werden. Oder nächste Woche, am Mittwoch gegen vierzehn Uhr.

- *So einfach wie nur möglich.*

  Der ganz alltägliche Angriff ist dumm, dreist und unhöflich. Zeichen von Intelligenz und Tiefsinn werden Sie nicht finden. Also warum wollen Sie sich mit der Antwort besondere Mühe geben? Warum wollen Sie Ihre persönlichen Rohstoffe wie Intelligenz, Gefühl und Aufmerksamkeit verschwenden? Machen Sie es sich leicht. Viele energiesparende Antworten finden Sie in den nächsten Kapiteln. Suchen Sie sich etwas Bequemes aus.

Nach einer blöden Bemerkung schnappen viele Menschen erst einmal nach Luft. Das ist genau richtig. Luft, Raum und kein Druck, das ist das Wichtigste nach einem Angriff. Alles andere kommt später. Sorgen Sie dafür, dass Sie in Ruhe überlegen können. Es geht keinen Menschen etwas an, wie lange Sie brauchen, um eine Entscheidung zu treffen. Wichtig ist

Kommen Sie zurück in Ihre innere Mitte.

jetzt, dass Sie zurück in Ihre innere Mitte kommen. Das ist der innere Ort, von dem aus Sie gesammelt und konzentriert handeln können. Diese innere Balance entsteht erst, wenn es Ihnen gelingt, den Stress in Schach zu halten.

Stress macht dumm

Zu Anfang befürchteten manche Teilnehmer/innen, dass diese Erste-Hilfe-Maßnahmen zu lange dauern könnten. »Dieses Atmen, sich Platz verschaffen, sich Zeit lassen – bis ich damit fertig bin, ist der Angreifer doch über alle Berge.« Nein, die meisten Angreifer wollen die Früchte ihrer Attacken auch ernten. Sie warten neugierig darauf, wie sich ihr Opfer benimmt. Vertrauen Sie dieser natürlichen Neugier des Angreifers. Außerdem machen Sie das nur für sich selbst. Der Angreifer ist zunächst unwichtig. Sie wollen einen klaren Kopf bekommen. Die Erste-Hilfe-Maßnahmen sind nur zu Beginn scheinbar langwierig, weil sie ungewohnt sind. Jedes Verhalten, das neu erlernt wird, sei es nun Schreibmaschine schreiben oder Auto fahren, ist zu Beginn noch langsam und stockend. Nach einigem Üben wird es zur Gewohnheit. Dann geht's schneller und wie von selbst.

Gefahr: Wenn Sie sich unter Druck setzen, werden Sie sprachlos.

Unser hoher Anspruch erzeugt einen inneren Druck. »Jetzt musst du schnell antworten! Los, sag was! Verdammt, warum fällt mir nichts ein?« Innerer Druck wiederum erzeugt

Stress. Auf Stress reagiert unser Gehirn immer so: Es stellt sich auf einen Notfall ein. Der Kampf- oder Fluchtimpuls wird ausgelöst. Dadurch haben wir viel Muskelkraft, falls wir schnell weglaufen oder gegen einen Tiger kämpfen müssen. Gleichzeitig werden alle Denkfunktionen, die dafür nicht notwendig sind, runtergefahren. Dazu gehört auch das problemlösende, kreative Denken. Aber genau diese Kreativität brauchen wir, um schlagfertige, pfiffige Antworten geben zu können! Stress macht uns dumm. Deshalb fällt vielen Menschen im Ernstfall auch nichts ein. Unbedingt wie aus der Pistole geschossen antworten zu wollen, ist der beste Weg, um sprachlos zu werden. Manche Menschen können aber besonders schnell antworten, wenn sie wütend sind. Nur leider sind deren Antworten oft nicht besonders weise. So mancher wütende Schnellschütze hat sich anschließend auf die Zunge gebissen, weil er oder sie mal wieder *zu* spontan war. Eine unüberlegte Retourkutsche kann schnell zum Eigentor werden.

Innerer Druck erzeugt Stress.

Bei einer wirkungsvollen Selbstverteidigung geht es vor allem um Ihre eigenen Interessen. Das, was für Sie gut und wichtig ist, steht im Vordergrund. Und nicht die Frage, ob Ihr Angreifer von Ihrer Antwort beeindruckt ist.

Das Wichtigste in schwierigen Situationen ist, die Übersicht zu behalten und nicht im Strudel der Gefühle zu versinken. Bevor Sie sich verteidigen, ist es wichtig, dass Sie im Ernstfall eine klare Entscheidung treffen, wie Sie überhaupt auf den Angriff reagieren wollen. Dafür brauchen Sie einen klaren Kopf. Deshalb empfehle ich meinen Seminarteilnehmer/innen, die nächsten dummen Bemerkungen, die ihnen über den Weg laufen, nicht zu beantworten, sondern nur die Erste-Hilfe-Maßnahmen zu trainieren. Jede dumme Bemerkung, jeder fiese Spruch sind gute Möglichkeiten, das zu üben.

Mit diesen Maßnahmen zur Ersten Hilfe, Ihrem Schutzschild und Ihrer selbstsicheren Ausstrahlung sind Sie sehr gut gewappnet, wenn Sie attackiert werden. Bleibt aber immer noch die Frage, was Sie konkret antworten wollen, wenn Sie mit Worten angegriffen werden. In den nächsten drei Kapiteln geht es wieder um Ihre Macht. Um die Macht, zu entscheiden, wann Sie kämpfen und wann nicht. Die Macht, nicht auf Provokationen einzusteigen und einen Angreifer ins Leere laufen zu lassen.

Nicht kämpfen und trotzdem gewinnen

Wer eine Haltung des Widerstandsverzichts einnimmt, dem eröffnet sich eine unbegrenzte Handlungsfreiheit mit zahllosen Möglichkeiten, wie er je nach Umständen und je nach eigenem Wissen und Können leben und wirken kann.

André Protin

Den Angreifer ins Leere laufen lassen

Ein großer Teil der blöden Bemerkungen hat nur ein einziges Ziel: Sie zu provozieren. Sie sollen hochgehen. Sie sollen darauf einsteigen und sich mit dem Spruch beschäftigen. Leute, die beschlossen haben, Sie hochzunehmen, finden mit Sicherheit Ihre wunden Punkte, um genau da reinstechen zu können. Die erste und vielleicht wichtigste Freiheit, die Sie brauchen, um mit den Seltsamkeiten anderer Menschen fertig zu werden, ist die Fähigkeit, sich nicht provozieren zu lassen und eine blöde Bemer-

Nur Sie bestimmen, wann Sie kämpfen wollen.

kung einfach nicht zu beachten. Nur Sie bestimmen, wann Sie kämpfen wollen. Nur Sie selbst entscheiden, worauf Sie sich einlassen wollen und worauf nicht. Und es ist sehr wichtig, dass Sie eine bewusste Wahl treffen. Ansonsten besteht die Gefahr, dass jede/r X-Beliebige Sie mit einem blöden Spruch hochnehmen und in einen Streit verwickeln kann. Die erste Überlegung bei einem dummen Spruch lautet: »Will ich jetzt darauf eingehen?« Wenn Sie gerade etwas Wichtigeres vorhaben, dann lassen Sie den Angreifer ins Leere laufen.

Ich stelle Ihnen in diesem Teil des Buches drei Strategien vor, mit denen Sie Ihren Angreifer oder Ihre Angreiferin ins Leere laufen lassen können. Das sind zwei wortlose Methoden sowie die Umleitung und der zweisilbige Kommentar. Mit diesen Methoden reagieren Sie zwar, gehen aber zugleich auf den Angriff nicht ein. Sie lassen die dumme Bemerkung links liegen, ohne sich darin zu verwickeln. Der große Vorteil dieser kampflosen Selbstverteidigungsstrategien liegt auf der Hand: Erstens lassen Sie sich nicht von Ihren ursprünglichen Plänen abbringen. Schließlich stehen Sie ja nicht in der Gegend herum und warten darauf, dass jemand Sie angreift. Bevor Sie angegriffen wurden, hatten Sie ein Ziel. Sie wollten etwas erledigen oder sich ausruhen. Jedes Wortgefecht zieht unsere Aufmerksamkeit von dem ab, was wir ursprünglich wollten. Nicht zu kämpfen, erlaubt Ihnen, bei Ihren Plänen zu bleiben. Zweitens: Wenn Sie den Angreifer ins Leere laufen

Streiten Sie sich nicht, sondern bleiben Sie bei Ihren Plänen.

lassen, tragen Sie zum emotionalen Klimaschutz bei. Sie sorgen von Ihrer Seite aus dafür, dass sich die Gefühle nicht hochschaukeln. Sie beugen einer Eskalation vor. Sie streiten sich nicht. Das kann wichtig sein, wenn Ihnen die gute Beziehung zu ihrem Gegenüber gerade sehr wichtig ist.

Lassen Sie den Angreifer ins Leere laufen

Sparen Sie Ihre Energie

Dabei ist es keineswegs nett, den Angreifer ins Leere laufen zu lassen. Nicht beachtet zu werden, ist für manche Menschen das Allerschlimmste. Besonders, wenn Ihr Angreifer sich mit der blöden Bemerkung in Szene setzen wollte. Durch die Nicht-Beachtung verderben Sie ihm oder ihr die ganze Show. Und ein Wortgefecht kostet immer Kraft.

Egal, ob Sie gewinnen oder verlieren, Sie haben sich Mühe gegeben. Lohnt sich das wirklich? Wenn Sie einen Angreifer ins Leere laufen lassen, dann haben Sie mit einer echten Energiesparmethode reagiert. Sie haben die Unfreundlichkeit mit dem geringsten Aufwand quittiert. Möge sich der Angreifer die Beachtung woanders holen, nicht von Ihnen.

Seit ich an diesem Buch arbeite, haben mir viele Menschen ihre Erfahrungen mit dummen Sprüchen, blöden Bemerkungen und unsachlicher Kritik geschildert. Und jeder, der mir seine Geschichte erzählte, fragte mich am Schluss: »Was hätte ich in der Situation antworten können?« Meine Gegenfrage lautet dann immer: »Wollen Sie sich überhaupt darauf einlassen? Was bringt es *Ihnen*, wenn Sie auf die Bemerkung des anderen eingehen?«

Ein Augenzwinkern für den Sprüchekasper

Provokationen sind nicht nur ein harmloser Zeitvertreib für Angreifer. Gerade im Geschäftsleben und im Berufsalltag sind Provokationen eine wohlkalkulierte Strategie, um das Opfer zu manipulieren.

Provokationen sind meistens eine wohlkalkulierte Strategie.

Wie beispielsweise bei Christiane. Sie erzählte mir, dass sie an ihrem Arbeitsplatz einen Kollegen hätte, der sie häufig mit dummen Sprüchen provozierte. Der Kollege war ein ›Sprüchekasper‹, wie Christiane ihn nannte. Sie und der Kollege waren beide zur gleichen Zeit eingestellt worden.

Zwischen beiden glimmte eine unterschwellige Konkurrenz. Wenn Christiane in einer Konferenz ihre Ideen vorstellte, dann machte dieser Kollege eine fiese Bemerkung, und zwar kurz bevor die Sitzung losging: »Du siehst ja heute Morgen zum Gruseln aus. Hast du im Heuschober geschlafen?« Oder: »Manche kriegen ihr Geld hier offensichtlich nur für ihre hübschen Beine.« Christiane ging jedes Mal an die Decke. Sie war auf hundertachtzig und das kurz vor ihrer Präsentation in einer Besprechung. Keine besonders gute Verfassung, um andere Leute erfolgreich zu überzeugen. Immer wieder versuchte Christiane ihren Kollegen mit einem passenden Gegenspruch kleinzukriegen. Aber damit heizte sie den Zweikampf nur an. Er konterte, sie ging darauf ein und dann war sie verletzt, regte sich auf und der Kollege war wieder obenauf. Christiane suchte immer noch nach dem Superspruch, um den Kollegen endlich mundtot zu kriegen. Aber genau damit saß auch sie in der Falle. In dem Moment, in dem sie auf die dumme Bemerkung einging, kam sie innerlich aus dem Gleichgewicht. Statt ihre Kräfte zu sammeln und sich auf die bevorstehende Besprechung vorzubereiten, verlor sie ihre Nerven in einem sinnlosen Wortgefecht am Rande.

Wenn Sie auf jede dumme Bemerkung sofort anspringen, kommen Sie innerlich aus dem Gleichgewicht.

Als ich Christiane kennen lernte, wollte auch sie von mir wissen, mit welcher genialen Retourkutsche sie es dem Sprüchekasper heimzahlen konnte. »Was soll ich denn antworten, wenn er zu mir sagt, ich sehe zum Gruseln aus und ob ich im Heuschober geschlafen hätte?« fragte sie mich. Die Lösung bestand nicht in einem schlagfertigen Superspruch, sondern darin, sich nicht provozieren zu lassen. Den Sprüchekasper einfach kaspern lassen, bis er damit fertig ist. Kein Widerstand. Keine schlagfertigen Kontra-Antworten und keine Energieverschwendung. Der Angriff bleibt unbeantwortet im Raum stehen. Christiane war von der Idee, den Angreifer ins Leere laufen zu lassen, überrascht. Sie sagte, dass es ihr schwer fallen würde, den Kollegen ganz und gar zu ignorieren. Sie wollte zwar nicht mehr auf seine Provokationen eingehen, aber doch irgend-etwas tun, wenn er sie wieder mit einem dummen Spruch attackierte. Christiane und ich gingen eine Liste mit stum-men Signalen der Körpersprache durch, die Sie am Ende des Kapitels finden. Das Augenzwinkern gefiel ihr am besten. Sie machte den Praxistest und konterte den nächs-ten dummen Spruch ihres Kollegen mit einem verschwö-rerischen Augenzwinkern. Zugleich ging sie mit keinem Wort auf den Angriff ein. Sie berichtete über das Ergebnis: »Er provozierte mich wieder, indem er mich fragte, ob ich in einen Schminktopf gefallen wäre. Statt zu antworten, zwinkerte ich ihm mit einem Auge zu. Das war er über-haupt nicht gewohnt. Er guckte irritiert und fragte, ob ich etwas im Auge hätte. Ich zwinkerte noch mal, aber sagte nichts. Die Sache begann mir Spaß zu machen. Er fragte mich, ob ich ein Schweigegelübde abgelegt hätte. Ich muss-te laut lachen und zwinkerte ihn mit beiden Augen an. Das hat ihm den Rest gegeben. Er schüttelte den Kopf und murmelte etwas vor sich hin. Er konnte sagen, was er wollte, ich musste mich damit nicht mehr beschäftigen. Ich ließ ihn einfach stehen.« Christiane strahlte, als sie das erzählte. Sie war kein Opfer mehr. Sie war aus der Provokationsfalle herausgekommen. Aber damit hatte sich nicht automatisch das Verhältnis zu ihrem Kollegen verändert. Beide waren immer noch in einem Konkurrenzkampf verstrickt. Christiane hatte lediglich seine Angriffe abgewehrt. Mit dieser Selbstverteidigung wird der Gegner nur »entwaffnet«. Was danach geschieht, bleibt offen. Christiane könnte weitermachen, als wäre nichts geschehen. Oder – bei passender Gelegenheit – den unterschwelligen Konkurrenzkampf mit ihrem Kollegen offen ansprechen. Was immer sie auch als Nächstes tat, jetzt war sie in einer stärkeren Position als zuvor.

Wie Sie durch Provokationen manipuliert werden

Provokationen sind ein Manipulationstrick, der vor allem in Diskussionen und Verhandlungen häufiger vorkommt. Die Taktik sieht so aus: Der Angreifer will sein Gegenüber stoppen, hat dafür aber keine sachlichen Gegenargumente. Um dennoch die Oberhand zu bekommen, wird er oder sie unsachlich. Meistens werden zu Beginn kleinere Sticheleien als Testballon benutzt. Hat das geklappt, folgen die härteren Angriffe. Der Effekt liegt klar auf der Hand. Das Opfer wird in ein

Kleine Sticheleien sind meist ein Testballon.

Wortgefecht verwickelt und ist dadurch abgelenkt. Wer sich mit Sticheleien und persönlichen Angriffen herumschlägt, verliert schnell das eigentliche Sachthema aus den Augen. Die eigenen Ziele gehen verloren. Damit hat der Angreifer schon einen wesentlichen Sieg davongetragen. Doch häufig kommt es noch schlimmer: Wer so unsachlich angegriffen wurde, reagiert meistens empört. Der eigene Tonfall wird aggressiver, die Stimme lauter. Ist das Opfer erst einmal emotional aufgeladen, kann der Angreifer wieder triumphieren. Er schüttelt dann verständnislos den Kopf über seinen aufbrausenden Gesprächspartner. Der Angreifer zeigt nun, wie besonnen und beherrscht er ist: »Nun bleiben Sie doch mal sachlich.« Oder: »Warum regst du dich jetzt so auf?« Solche Sätze treiben das Opfer restlos in die Enge. Am Ende hat der Angreifer die Situation vollkommen unter seine Kontrolle gebracht. Das Opfer ist emotional aufgewühlt und hat sein ursprüngliches Vorhaben aus den Augen verloren. Der Angreifer hingegen wirkt ruhig und besonnen.

Die Gegenwehr ist sehr einfach: Stellen Sie sich folgende Szene vor. Ihr Gegner nimmt Anlauf und rennt in Ihre Richtung. Vielleicht will er mit Ihnen kämpfen oder Sie nur umschubsen. Jedenfalls läuft er direkt auf Sie zu. Wie werden Sie mit diesem Ansturm ohne großen Aufwand fertig? Treten Sie einfach zur Seite. Lassen Sie ihn vorbeilaufen. Sorgen Sie dafür, dass Ihr Gegner ins Leere läuft. Das Gleiche können Sie auch mit Worten tun. Die

Die energiesparendste Methode: Überhören Sie den Angriff.

erste Methode ist das schlichte Überhören. Sie reagieren nicht auf die Provokation, sondern tun weiter das, was Sie gerade tun. Sie ignorieren den Angriff.

Den Gegner ins Leere laufen lassen: Den Angriff vollkommen ignorieren

- *Das Prinzip:* Sie überhören den Angriff.
- *Tipps zur Anwendung:* Lassen Sie den Angriff an sich vorbeiziehen. Kümmern Sie sich nicht weiter darum. Starten Sie auch später keinen Gegenangriff. Sie haben etwas Besseres zu tun.

Wenn es Ihnen schwer fällt, den Angriff nicht zu beantworten, dann können Sie auch mit ein paar Gesten darauf reagieren. Wichtig ist dabei, dass Sie sich nicht weiter in den Angriff verwickeln lassen.

Den Gegner ins Leere laufen lassen: Stumme Gesten

- *Das Prinzip:* Sie bleiben stumm und antworten auf den Angriff nur durch Ihre Körpersprache.
  - Nachdem Ihr Gegenüber seine dumme Bemerkung von sich gegeben hat, starren Sie ihn oder sie mit weit aufgerissenen Augen an, als würden Sie vor einem Außerirdischen stehen. Sagen Sie nichts.

- Nicken Sie dem Angreifer freundlich zu, so als würden Sie einen alten Bekannten begrüßen.
- Nehmen Sie sich einen Augenblick Zeit und beobachten Sie Ihren Gesprächspartner neugierig, wie ein seltenes, exotisches Wesen.
- Lächeln Sie weise vor sich hin, als wären Sie gerade erleuchtet worden.
- Nehmen Sie wortlos einen Notizblock und einen Kugelschreiber und notieren Sie die blöde Bemerkung.
- Sie machen Ihre Atemübung. Atmen Sie tief ein und anschließend sehr langsam und hörbar aus.

- *Tipps zur Anwendung:* Erklären Sie Ihr Verhalten nicht, selbst wenn Ihr Gegenüber sich plötzlich darüber wundert. Sie kehren zu dem zurück, was Sie eigentlich tun wollten. Lassen Sie sich nicht weiter ablenken und investieren Sie in den Angriff keine Energie mehr.

Von Plappermäulern und Fettnäpfchen-Tretern

Es gibt noch einen weiteren Grund, warum es manchmal besser ist, auf eine blöde Bemerkung nicht zu reagieren. Manchmal ist eine blöde Bemerkung gar keine. Was wir für eine Frechheit halten, ist oft nur eine unbedachte Äußerung. Unser Gegenüber hat nur so vor sich hin geplappert. Dabei ist ihm oder ihr eine Bemerkung entschlüpft, die uns gekränkt hat. Das war nicht böse gemeint, aber wir haben es so verstanden. Ein nicht unerheblicher Prozentsatz von blöden, kränkenden Bemerkungen sind in Wirklichkeit nur unachtsames Geplapper. Das hört sich ungefähr so an: »Hallo, wie geht's? Wir haben uns ja lange nicht gesehen. Du hast einen neuen Haarschnitt, stimmt's? Sieht ja toll aus. Aber ich würde mich in Grund und Boden schämen mit so einem Schnitt. Nee, damit würde ich auf keinen Fall auf die Straße gehen. Aber du bist ja viel mutiger. Na ja, jeder wie er kann. Und was machst du so am Wochenende?« War da nun eine Gemeinheit drin oder nicht? Das können Sie so oder so hören. Tatsächlich kann es sich um eine absichtliche Frechheit handeln oder auch nur um lautes Nachdenken. Wenn Sie das genau wissen wollen, hilft nur eins: Fragen Sie nach. Erst wenn Sie den Betreffenden fragen, wie er oder sie das gemeint hat, können Sie sicher sein. Neben denjenigen, die so vor sich hin plappern, gibt es auch noch Menschen, die erstaunlich wenig Gespür für die Empfindsamkeit von anderen haben. Solche unsensiblen Mitbürger neigen dazu, ins Fettnäpfchen zu treten. Sie begehen diese Taktlosigkeiten nicht absichtlich. Sie sind nur sehr spontan mit ihren Meinungsäußerungen: »Du machst eine Diät? Mensch, das hast du doch nicht nötig, bei deiner Figur. Da sitzt doch alles an der richtigen Stelle! Na ja, deine Oberschenkel ... äh ... aber ich mag stramme Beine, an denen ordentlich etwas dran ist. Da weiß man doch, was man hat.« So eine herzerfrischende Ehrlichkeit kann auch wehtun. Die Worte waren vielleicht ganz aufrichtig gemeint, aber wer schon lange gegen dicke Oberschenkel ankämpft, der hat jetzt einen Schlag auf den Kopf bekommen. Unsensiblen Menschen fehlt das Gespür für die wunden Punkte anderer. Legen Sie deshalb nicht jede ihrer Äußerungen auf die Gold-waagschale. Im Zweifelsfall einfach überhören. Und nicht zu Hause darüber nachdenken, wie diese Bemerkung wohl gemeint war. Nachgrübeln verschlimmert die ganze Sache. Deshalb: sofort vergessen.

Ich hoffe, dieses Kapitel hat Sie davon überzeugt, dass Sprachlosigkeit nach einem Angriff keine Niederlage sein muss, sondern auch ein Zeichen für Ihre Souveränität sein kann. Sie und nur Sie allein entscheiden, wem Sie Ihre Aufmerksamkeit schenken wollen.

Keine Antwort zu geben, kann ein Zeichen für Souveränität sein.

Wenn Sie aber dennoch künftig mehr zu Wort kommen wollen, dann finden Sie ab jetzt in diesem Buch jede Menge Anregungen. Alle Selbstverteidigungsstrategien, die ich Ihnen nun vorstelle, haben mehr Worte.

Den Angriff umleiten

Ein großer Teil der dummen Sprüche lässt sich wortlos und ohne große Energieverschwendung abbügeln. Sie gehen nicht darauf ein und lassen den Angreifer einfach stumm abblitzen. Kein Kampf, also auch keine Energieverschwendung. In manchen Situationen ist es allerdings noch leichter, wenn Sie etwas sagen. Besonders, wenn das Schweigen einfach nicht passt. Wie zum Beispiel bei Rita. Sie hatte die Rechnung an einen Kunden falsch ausgestellt. Ihr Chef hat den Irrtum bemerkt, die fehlerhafte Rechnung korrigiert und an Rita zurückgehen lassen. Eine Kollegin legte ihr diese korrigierte Rechnung auf den Schreibtisch mit den Worten: »Na, da haben Sie ja einen schönen Bock geschossen. Beim nächsten Mal schalten Sie lieber Ihr Gehirn beim Arbeiten an.« Ein dummer Seitenhieb. Rita fiel es schwer, stumm zu bleiben. Sie wollte diesen Angriff nicht einfach sprachlos hinnehmen. Aber sie wollte sich auch nicht provozieren lassen. In solchen Situationen helfen Worte, durch die der Angreifer ins Leere läuft.

Schneiden Sie ein anderes Thema an

Leiten Sie den Angriff einfach um. Schneiden Sie ein anderes Thema an. Ein Thema, das nichts, aber auch wirklich nichts mit dem Angriff zu tun hat. Je harmloser und banaler Ihr Thema ist, desto besser. Durch diese Umleitung

lassen Sie blöde Bemerkungen einfach gleichgültig ablau-
fen, so wie Wasser an einem Taucheranzug abperlt. Sie
zeigen, dass der Angriff Sie nicht getroffen hat. Sie verzichten darauf, sich zu verteidigen, sich zu rechtfertigen
oder einen Gegenangriff zu starten. Stattdessen lenken Sie
das Gespräch. Das ist ungefähr so, als würden Sie einen
Zug, der in die falsche Richtung läuft, auf ein anders Gleis
umlenken. Dafür stellen Sie einfach die Weiche um. Sie

Lenken Sie das Gespräch einfach um.
lenken die Aufmerksamkeit des
Angreifers (und auch Ihre Aufmerksamkeit) einfach auf etwas anderes. Das ist alles. Im Prinzip steht
es Ihnen frei, jedes beliebige Thema als Umleitung zu
nehmen. Sie können über französischen Käse, Hausmittel
gegen Hühneraugen oder die derzeitigen Aktienkurse reden. Die meisten Menschen, die diese Selbstverteidigungstechnik kennen gelernt haben, nehmen etwas Naheliegen-
des. Etwas, worüber sie sowieso sprechen wollten, oder
eine Sache, über die sie sich tatsächlich Gedanken machen.
In Ritas Fall kann die Umleitung so klingen:

- *Der Angriff der Kollegin:* »Na, da haben Sie ja einen
  schönen Bock geschossen. Beim nächsten Mal
  schalten Sie lieber Ihr Gehirn beim Arbeiten an.«
  - *Die Umleitung:* »Es wird heute noch regnen. Haben
    Sie eigentlich einen Schirm mitgenommen? Also
    ich habe zwar den Wetterbericht gehört, aber der
hat uns ja schönes Wetter versprochen. Ich möchte mal
wissen, wie diese Vorhersagen zustande kommen. Ich
glaube ...« und so weiter.

Die Bemerkung der Kollegin bleibt ohne weitere Beachtung im Raum stehen. Kein Widerspruch, keine Empörung, keine Rechtfertigung.

Niemand kann Ihnen ein Gesprächsthema aufzwingen

Wenn der Angreifer oder die Angreiferin ein Thema anschneiden kann, dann können Sie das auch. Wo steht geschrieben, dass Sie sich mit den Themen anderer Menschen beschäftigen müssen? Niemand kann Ihnen ein Gesprächsthema aufzwingen. Worüber Sie reden wollen, bestimmen Sie selbst. Widerstehen Sie der Versuchung, in Ihre Umleitung doch noch einen kleinen Schlag zu verpacken. Sie lassen den Angreifer ins Leere laufen, und zwar vollständig. Wenn Ihr Gegenüber keine passende Antwort bekommt, bleibt er oder sie ohne Resonanz, ohne Echo. Das reicht. Stecken Sie keine weitere Energie in diese Misere. Sie haben etwas Besseres in Ihrem Leben zu tun, als sich mit den sonderbaren Gedanken anderer Leute herumzuschlagen. Und wenn der Angreifer hartnäckig seine dumme Bemerkung wiederholt? Nun, gegen Hartnäckigkeit hilft nur eins: ebenso hartnäckig sein. Sie bleiben bei Ihrer Umleitung. Versuchen Sie dabei nicht elegant oder raffiniert zu sein. Leiten Sie ganz deutlich um. Beispielsweise so:

Gegen Hartnäckigkeit hilft nur Hartnäckigkeit.

- *Der Angriff:* »Wie siehst du denn aus? Sag mal, schämst du dich gar nicht, mit so einer Frisur auf die Straße zu gehen?«
- *Die Umleitung:* « Apropos Straße – ich habe gerade gestern gehört, dass das Benzin wieder teurer wird. Wo soll das noch hinführen? Bald kostet ein Liter Benzin so viel wie eine Kinokarte. Wer kann sich das Autofahren da noch leisten? Ich denke ...« (Wenn Sie die derzeitigen Benzinpreise nicht kennen, macht das überhaupt nichts. Reden Sie darüber, warum Sie die Benzinpreise nicht kennen.)
- *Der Angriff:* »Ist das Ihre Karre, da vor der Tür? So ein Auto hab ich als Lehrling mal gefahren. Für Leute, denen Sicherheit und Fahrkomfort nichts bedeutet, ist das das richtige Auto. Ich jedenfalls würde damit nicht mal mehr eine Probefahrt machen.«
- *Die Umleitung:* »Wissen Sie, mir gehen ganz andere Sachen durch den Kopf. Warum werden im Fernsehen nur so viele Wiederholungen gezeigt? Ich versteh das nicht. Wenn ich mal abends gemütlich fernsehen will, dann kommen meistens nur Spielfilme, die ich schon mindestens zweimal gesehen habe.«

Sie können das neue Thema einfach direkt und ohne Überleitung zur Sprache bringen. Sie können aber auch eine kleine Überleitung einbauen. Die klingt dann so:

- »Da fällt mir gerade etwas ganz anderes ein, und zwar ...«
- »Mir geht da gerade etwas anderes durch den Kopf ...«
- »Behalten Sie das, was Sie sagen wollten im Kopf. Seit einiger Zeit denke ich darüber nach ...«

Rechtfertigen Sie sich nicht für die Umleitung

Normalerweise merkt Ihr Gegenüber, dass Sie das Thema gewechselt haben. Ihr Gesprächspartner stellt fest, dass er oder sie keine Erwiderung auf den Angriff bekommen hat. Es ist gut möglich, dass Ihr Gesprächspartner darauf besteht, dass Sie seinen Angriff gefälligst beachten und sich darum kümmern. Das hört sich dann so an: »He, Sie haben das Thema gewechselt. Gehen Sie doch mal auf das ein, was ich gesagt habe!« Oder: »Du weichst aus. Bleib bei der

Es ist Ihr gutes Recht, das Thema zu wechseln.

Sache.« Stimmt! Sie haben das Thema gewechselt. Rechtfertigen Sie sich nicht dafür. Es ist Ihr gutes Recht, das Thema zu wechseln. Wenn Sie möchten, können Sie das klar zugeben, etwa so: »Ja, ich habe das Thema gewechselt.« Oder: »Ja, ich weiche aus.« »Nein, zu dem, was du gesagt hast, möchte ich nichts sagen.« Sie können natürlich auch die Karten offen auf den Tisch legen: »Ja, ich habe das Thema gewechselt. Ich habe eine Umleitungsstrategie benutzt, die ich in einem Buch gelesen habe. Nun, ich war zu Anfang skeptisch, ob das überhaupt funktioniert. Aber jetzt merke ich, dass es nicht schwer ist, ein neues Thema anzuschneiden ...« Und so weiter und so weiter. Falls Ihr Gegenüber den Themenwechsel verurteilt, dann tut er oder sie das, weil Sie sich nicht so verhalten haben wie gewünscht. Nicht beachtet zu werden, ist eine schlimme Strafe. Für manche Menschen ist das schlimmer als ein heftiger Streit.

Die Umleitung

- *Das Prinzip:* Sie antworten nicht auf den Angriff, sondern reden über ein vollkommen anderes Thema.
- Der Angriff: »Was haben Sie denn für Flausen im Kopf? Normalerweise sind Sie doch einigermaßen intelligent.«

- *Die Umleitung:* »Apropos, wo wir gerade davon reden. Mögen Sie eigentlich fettarmen Frischkäse? Also mir gibt der nichts. Ich mag lieber pikanten Hartkäse, und zwar ...«

- *Weitere Umleitungen:*

  »Also ich finde, im Fernsehen werden zu viele Wiederholungen gezeigt.«

  »Ein heißer, sonniger Sommer ist ja ganz schön, aber zu heiß darf es nun auch wieder nicht sein.«

  »Ich glaube, Immobilien sind in diesen Zeiten eine sichere Geldanlage.«

  »Ich finde, Spargel schmeckt gar nicht so gut.«

  »Am schlimmsten ist doch das Wetter mit dieser feuchten Kälte, die einem so in die Hosenbeine kriecht.«

- *Tipps zur Anwendung:* Wechseln Sie einfach das Thema – ohne Begründung. Widerstehen Sie der Versuchung, dem anderen mit dem neuen Thema doch noch eins auszuwischen. (Wie etwa: »Hast du je deinen Intelligenzquotienten testen lassen?«) Je banaler und nichts sagender die Umleitung ist, desto besser wirkt sie.

Beantworten Sie Blech mit Blech

Für sehr höfliche Menschen ist die Umleitung eine echte Herausforderung. Nette, höfliche Menschen haben die große Neigung, immer auf ihren Gesprächspartner einzugehen. Auch wenn der dummes Zeug redet. Dabei ist das Eingehen auf andere eine wertvolle Fähigkeit. Sie ist daran gekoppelt, dass jemand auch gut zuhören kann und sich um Verständnis bemüht. Solche Menschen bringen Qualität in ein Gespräch. Leider fehlt manchen netten, höfli-

Sie haben die Wahl, ob Sie auf Ihr Gegenüber eingehen wollen.

chen Menschen die Wahlmöglichkeit. Sie können ihr Auf-den-anderen-Eingehen nicht einfach abstellen. Sie trotten ihrem Gegenüber auch dann noch hinterher, wenn sich das Gespräch gegen sie wendet. Wenn Sie zumindest hin und wieder zu diesen netten Menschen gehören, dann ist es Zeit, dass Sie Ihre volle Macht ausspielen. Sie haben genauso viel Recht, Ihre Gedanken zu äußern, wie Ihr Gegenüber. Es gibt nirgendwo auf der Welt ein Gesetz, in dem steht, dass Sie auf Ihren Vorredner eingehen müssen. Und es gibt auch keine Vorschrift darüber, dass Sie nicht ebenso belangloses Zeug reden dürfen wie andere Leute. Ihren hinreißenden Witz, Ihre exzellente Intelligenz, Ihren imposanten geistigen Tiefgang sparen Sie sich für Gelegenheiten, bei denen es sich lohnt, dass Sie Ihr Bestes geben.

Borgen Sie sich eine Portion Gleichgültigkeit

Die Umleitung ist auch eine Herausforderung für Menschen, die gern streiten. »Ich kann so eine blöde Bemerkung nicht einfach stehen lassen«, sagte einmal eine Frau zu mir. »Ich muss einfach etwas dagegensetzen. Sonst denkt der andere womöglich, er käme damit durch. Das kann ich ihm doch nicht durchgehen lassen.« Ich schätze die Fähigkeit zu kämpfen sehr. Aber auch hier geht es um die Wahlmöglichkeit. Wenn wir gegen jede unsachliche Bemerkung ankämpfen *müssen*, dann kann uns alle Welt in eine Auseinandersetzung verwickeln. Es reicht eine Stichelei, eine Unterstellung, ein unfreundlicher Spruch und schon sind wir Feuer und Flamme. Unsere Aufmerksamkeit wurde eingefangen, wir verpulvern unsere Energie. Dagegen hilft nur eins: Borgen Sie sich eine große Portion Gleichgültigkeit. Lassen Sie das, was Sie nervt, links liegen. Ähnlich wie in dem Sprichwort: Die Hunde bellen, aber die Karawane zieht weiter. Lassen Sie die Hunde kläffen, setzen Sie Ihren Weg fort.

Lassen Sie das, was Sie nervt, links liegen.

Bei der Umleitung geht es nicht um Raffinesse, sondern um das süße Nichts. Die Umleitung lebt davon, dass Sie harmlos ist. Strengen Sie sich dafür nicht an. Ihr Angreifer liegt auf der Lauer und bemerkt jede Anstrengung, die Sie unternehmen. Er ist enttäuscht, wenn Sie sich nicht anstrengen. Falls Ihnen diese Mühelosigkeit gefällt, dann kommt im nächsten Kapitel noch eine Steigerung. Wie wäre es, wenn Sie sich mit nur zwei Silben verteidigen?

Nie wieder sprachlos

Würden Sie gerne schlagfertig antworten, wenn Ihnen jemand dumm kommt? Möchten Sie den Angreifer mit einer brillanten Retourkutsche verblüffen? Ich bin mir sicher, dass ein großer Teil unser Vorstellungen von Schlagfertigkeit aus Fernsehserien und Kinofilmen stammt. Ein cooler Draufgänger jagt üble Gangster, wird dabei angeschossen und bringt selbst bei hohem Blutverlust noch einen witzigen Spruch hervor. Beeindruckend. Aber an dem Text haben zwei Drehbuchautoren nächtelang geschrieben. Wir haben im Alltag den Nachteil, dass niemand für uns eine paar schlagkräftige Antworten entwirft. Und wenn wir im Text stecken bleiben, ruft kein Regisseur »Schnitt!« und lässt uns die Szene wiederholen. Wir spielen immer unvorbereitet und live. Für diejenigen, die bei verbalen Angriffen immer sprachlos sind, wäre es eine große Erleichterung, überhaupt etwas zu antworten. Deshalb möchte ich Ihnen hier eine einfache Kontra-Antwort vorstellen, mit der Sie sich bei fast jedem Angriff verteidigen können. Auch dann, wenn Ihnen bisher nie etwas eingefallen ist.

Endlich einmal schlagfertig sein

Dafür reichen zwei Silben. Mehr ist nicht nötig, um schlagfertig zu antworten. Auch hier geht es immer noch darum,
den Angreifer ins Leere laufen zu lassen. Die Kontra-Antwort besteht aus einem einfachen »Ach was!« oder »Potz
Blitz!«. Das reicht, um einen Angriff ohne großen Aufwand
links liegen zu lassen. Beispielsweise so:

Der Kunde fragt den Verkäufer im Supermarkt, wo er
die leeren Pfandflaschen abgeben könne. Der Verkäufer
sagt: »Ich möchte mal wissen, wo Sie
Ihre Augen haben. Überall steht groß
und breit dran: Leergut wird am Ge-
müsestand abgegeben.« Daraufhin
der zweisilbige Kommentar des
Kunden: »Soso!« Mehr nicht.

**Ach was! Potz Blitz!
Zwei Silben genügen,
um einen Angriff
abzuwehren.**

Die Mutter sagt zu ihrer erwachsenen Tochter: »Dein
neues Kleid sieht aus, als hättest du es auf dem Flohmarkt
gekauft.« Der zweisilbige Kommentar der Tochter: »Ach
was?«

Der Angriff: »Damit machen Sie sich doch total lächer-
lich.« Der zweisilbige Kommentar: »Potz Blitz!« Und dann
nichts mehr. Mit nur zwei Silben halten Sie sich eine
dumme Bemerkung vom Leib, ohne ihr eine besondere
Bedeutung zu geben. Ein schlichtes › Ach was!‹ zeigt, dass
der Angriff nebensächlich ist. Es lohnt sich nicht, darum
viele Worte zu machen. Trotzdem ist die Wirkung eines
schlichten *Ach was* nicht zu unterschätzen. Wenn Ihr Angreifer sich unglaublich ins Zeug wirft, um Sie mit Worten

fertig zu machen, dann kann Ihr simples *Ach was* ungeheuer frech klingen. Es ist, als würden Sie den anderen bitten, Ihnen den Buckel runterzurutschen.

Zweisilbige Kommentare sind in folgenden Situationen besonders hilfreich:

- Der Angreifer plustert sich unheimlich auf, um Sie mit vielen Worten fertig zu machen. Aber Sie möchten Ihre Kräfte schonen.
- Der Angriff kam von Herrn oder Frau Wichtig und Sie wollen sich nicht streiten.
- Sie haben etwas Besseres zu tun, als sich mit den seltsamen Ansichten anderer Leute auseinander zu setzen.
- Sie sind sprachlos und wollen überhaupt nur ein paar Laute von sich geben.
- Sie wollen erst einmal den Angriff quittieren und später in Ruhe die Sache klären.
- Jemand quasselt Sie mit irgendeinem Unsinn voll. Sie sollen dazu Stellung nehmen, aber Ihnen fällt nichts ein. Zwei Silben genügen.

Der zweisilbige Kommentar

- *Das Prinzip:* Den Angriff mit nur zwei Silben kommentieren.
- *Der Angriff:* »Manche kriegen hier ihr Geld offensichtlich nur für ihre hübschen Beine.«
- *Der zweisilbige Kommentar:* »Ach was!«

- *Weitere zweisilbige Kommentare:*
  Aha!
  Soso.
  O je.
  Potz Blitz!
  Scha-de.
  Sag bloß!
  Oha.
- *Tipps zur Anwendung:* Der zweisilbige Kommentar ist eine energiesparende Minimalantwort. Er eignet sich besonders für Leute, die schnell sprachlos sind und denen bei blöden Sprüchen nichts einfällt. Machen Sie nach den zwei Silben tatsächlich einen Punkt. Sagen Sie nichts mehr, auch wenn Sie gerne nachlegen würden.

Zwei Silben für die Besserwisser

Den zweisilbigen Kommentar können Sie immer dann anwenden, wenn Sie beschlossen haben, sich über die Ansichten anderer nicht mehr aufzuregen. Ich gebe hin und wieder Seminare für Menschen, die im Kundendienst sind oder viel mit Kunden zu tun haben. Bei vielen dieser Teilnehmer/innen war der zweisilbige Kommentar eine beliebte Antwortstrategie für den Umgang mit schwierigen Kunden. Dazu Wilfried, ein Techniker für Heizungs- und Klimaanlagen: »Am schlimmsten sind für mich die Kunden, die alles besser wissen. Manche haben nur so ein Halbwissen. Und gerade die erzählen mir stundenlang, was ich zu tun habe und welchen Dichtungsring ich nehmen soll. Ich konnte mir den Unsinn einfach nicht anhören. Ich hab dem Kunden gesagt, dass es Quatsch ist, was er da erzählt, und die Sache richtig gestellt. Dann war der Kunde beleidigt und wir haben uns darüber gestritten, wer nun Recht hat. Der Kunde hat sich bei meinem Chef beschwert und behauptet, ich wäre unhöflich. Dann ist mir mein Chef aufs Dach gestiegen. Die Antwort mit den zwei Silben hat mir am besten gefallen. Ich bin sowieso kein großer Redner. Wenn mir jetzt ein Kunde Blödsinn erzählt, höre ich ruhig zu und antworte einfach nur › Ach was!‹. Anschließend rede ich über die Sachen, die für die Arbeit wichtig sind. Ich erkläre dem Kunden ruhig, was technisch machbar ist und was nicht. Jetzt können mir die Kunden ihre Ansichten erzählen und ich rege mich nicht mehr auf.«

Leichter fertig werden mit schwierigen Kunden.

Versuchen Sie nicht, den Angreifer zu verändern

Sämtliche Kontra-Strategien, mit denen Sie den Angreifer ins Leere laufen lassen, sind vor allem dazu da, dass Sie es bequem haben. Sie dienen nicht dazu, aus Ihrem Gegner einen besseren Menschen zu machen. Niemand lässt sich gegen seinen Willen verändern. Unser Wille hört genau da auf, wo der Wille des anderen beginnt. Und wir alle entscheiden selbst darüber, wie wir uns verhalten. Natürlich ändern wir uns auch. Aber das bestimmen wir selbst. Menschen haben die Angewohnheit, trotzig zu werden, wenn jemand sie unter Druck setzt. Wenn Sie also mit aller Macht versuchen, den Angreifer umzuerziehen, geschieht wahrscheinlich Folgendes: Der Betreffende merkt, was Sie vorhaben, und wird trotzig. Er oder sie fängt an, noch hartnäckiger so zu sein, wie Sie es nicht mögen. Nach dem Motto: Jetzt erst recht. Ihr Angreifer wird vielleicht sogar noch etwas radikaler. Eine wirklich große Veränderung gibt es nur bei Ihnen. Sie fangen an, sich ganz und gar auf den anderen zu konzentrieren. Alles, was Ihr Gegner tut oder sagt, wird von Ihnen wie durch eine riesige Lupe genau beobachtet und vergrößert. Jedes Naserümpfen, jeder Seufzer, jedes Wort wird auf die Goldwaage gelegt. Ihr Verhalten konzentriert sich immer mehr auf den Angreifer. Sie bekommen langsam, aber sicher Scheuklappen und werden immer unfreier. In Ihrem Kopf kreist die letzte unverschämte Bemerkung und was Sie darauf alles hätten antworten können und was der Angreifer beim nächsten Mal garantiert von Ihnen zu hören bekommt. Ja, auf diese Gelegenheit warten Sie schon. Kurzum: Sie sind dabei, um Ihren Angreifer zu kreisen wie ein Planet um die Sonne.

Lassen Sie Ihren Gegner so sein, wie er oder sie es will. Sie binden sich immer fester an Ihren Gegner, wenn Sie versuchen, ihn zu verändern. Solche festen Bindungen lohnen sich nur dann, wenn Ihnen die Beziehung zu Ihrem Gegenüber wirklich wichtig ist. Aber dann ist es sinnvoller, sehr direkt und klar zu sagen, was Sie stört und wie Sie behandelt werden möchten. Näheres dazu finden Sie im Kapitel *Klartext reden* ab Seite 118. In allen anderen Fällen gilt: loslassen. Befreien Sie sich aus der Umlaufbahn. Lassen Sie Ihren Gegner so sein, wie er oder sie es will. Das bedeutet nicht, dass Sie Angriffe, Herabsetzungen und andere Unfreundlichkeiten hinnehmen müssen. Ganz im Gegenteil. Im nächsten Teil des Buches stelle ich Ihnen sehr unterschiedliche Kontra-Antworten vor. Sie erfahren, wie Sie sich verteidigen können, indem Sie den Gegner verwirren, befragen oder sogar loben.

Schlagfertig Kontra geben

In der extremen Situation eines Angriffs trägt das Maß unserer Liebe zu uns selbst, unser Selbstwertgefühl, entscheidend dazu bei, dass wir uns zur Wehr setzen. Und das kann auch bedeuten, dass wir uns vor den Augen eines Angreifers in der Nase bohren.

Khaleghl Ouinn

So werden Sie unberechenbar

Ein Angriff ist nur erfolgreich, wenn er beim Opfer auch angekommen ist. Jeder Angreifer hat eine bestimmte, wenn auch vielleicht unbewusste Vorstellung davon, was er erreichen will. Das Opfer soll sich eingeschüchtert zurückziehen oder empört hochgehen – Hauptsache der Schlag hat gesessen. Und genau darauf kommt es dem Angreifer an. Er oder sie will merken, dass die blöde Bemerkung auch tatsächlich beim Opfer angekommen ist. Im Alltag gehen die Erwartungen der Angreifer meistens problemlos auf. Normalerweise reagieren wir alle vorhersehbar. Wir regen uns auf, werden patzig oder sind sprachlos und ziehen uns zurück. Alles deutliche Zeichen dafür, dass der Angriff erfolgreich war. Wir tanzen den Tanz, zu

Überraschen Sie Ihr Gegenüber: Tanzen Sie aus der Reihe!

dem uns der Angreifer auffordert. Machen Sie es Ihrem Angreifer nicht mehr so leicht. Werden Sie künftig etwas unberechenbarer. Wie wäre es, wenn Sie Ihren Widersacher verblüffen? Wenn Sie überraschend und ungewöhnlich auf eine dumme Bemerkung oder eine Provokation antworten? Damit verderben Sie Ihrem Angreifer die Erfolgsaussichten. Sie tanzen aus der Reihe.

Verwirren Sie Ihren Gegner

Zeigen Sie Ihrem Angreifer, dass es sinnlos ist, Sie in irgendeiner Form zu attackieren. Dafür können Sie ein einfaches Prinzip der Kommunikation nutzen. Unsere gesamte Kommunikation baut darauf auf, dass das, was wir sagen, einen Sinn ergibt. Deshalb sind unsere Gehirne große Sinnsucher. Immer, wenn jemand etwas zu uns sagt, sucht unser Gehirn automatisch nach dem Sinn der Worte. Schließlich wollen wir verstehen, was der andere gemeint hat. Auf diese Sinn-Automatik können Sie hundertprozentig vertrauen. Und genau damit können Sie auch Kontra geben. Sagen Sie etwas, das keinen Sinn ergibt. Beispielsweise so: Antworten Sie auf einen Angriff mit einem Sprichwort. Aber nehmen Sie ein Sprichwort, das *überhaupt nicht* zu dem Angriff passt. Das klingt dann so:

- *Der Angriff:* »Was haben Sie denn für Flausen im Kopf? Normalerweise sind Sie doch einigermaßen intelligent.«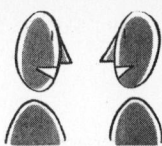

- *Das unpassende Sprichwort:* »Nun, wie heißt es so schön: Morgenstund hat Gold im Mund.«

Nein, das ergibt keinen Sinn. Vor allem nicht am späten Nachmittag. Der gewöhnliche Angreifer steht vor einem Rätsel. Normalerweise erwartet er, dass wir seine Attacken entsprechend beantworten. Aber alles, was er zu hören bekommt, ist ein Sprichwort, das irgendwie nicht passt. Natürlich sucht der Angreifer automatisch nach dem Sinn. Aber leider vergebens. Damit haben Sie Ihren Widersacher mental in die Wüste geschickt. Das Prinzip ist einfach und wirkt sehr zuverlässig: Wenn Sie einen Angriff mit einem völlig unpassenden Sprichwort beantworten, geht das Gehirn des Angreifers los und versucht herauszufinden, wie Sie das gemeint haben. Und genau das bringt den Angreifer durcheinander. Er ist verwirrt und kommt aus dem Konzept. Was aber, wenn der Angreifer nachfragt und wissen will, wie das Sprichwort gemeint ist? Ermuntern Sie ihn, weiter nachzudenken. Etwa so: »Denken Sie in Ruhe darüber nach.« Oder: »Ich habe selbst länger gebraucht, bis ich dahinter gekommen bin. Sie schaffen das schon.« Oder antworten Sie mit einem neuen, aber ebenso unpassenden Sprichwort: »Wissen Sie, im Grunde will ich damit sagen: Die Axt im Hause erspart den Zimmermann.« Sie wehren den Angriff ab, ohne große

»Wenn du sie nicht überzeugen kannst, dann verwirre sie.«

Turbulenzen zu erzeugen. Alles, was Sie brauchen, ist ein kleiner Hang zur Kuriosität. Wie sagt schon ein bekanntes Sprichwort: »Wenn du sie nicht überzeugen kannst, dann verwirre sie.«

Verzichten Sie auf Logik und Vernunft

Der große Vorteil dieser Kontra-Strategie liegt in ihrer Einfachheit. Sie brauchen nur ein paar gängige Sprichworte und die Fähigkeit, mit dem *absolut unpassenden* Sprichwort zu antworten. Für Leute, die immer klug, logisch und plausibel sein wollen, ist das unpassende Sprichwort eine große Herausforderung. Wer sehr an den Idealen von Vernunft und Logik klebt, neigt dazu, unbedingt intelligent antworten zu wollen. Nicht selten geraten diese gescheiten Menschen ins Hintertreffen. Die meisten Angriffe sind eher primitiv. Mit dem hohen Anspruch, etwas Geistreiches erwidern zu wollen, legen sie sich selbst in Ketten. Kluge Antworten benötigen eine gewisse Reifezeit. Dummdreiste Angriffe brauchen **Reagieren Sie ruhig** das nicht. Deshalb ist der Angreifer **grotesk und bizarr.** schneller. Und so werden die Nachdenklichen von dummen Bemerkungen glatt überrollt. Während sie noch über eine intelligente Retourkutsche nachgrübeln, hat der Angreifer schon zwei neue Sprüche vom Stapel gelassen. Die gute Nachricht: Wenn jemand Sie angreift, müssen Sie nicht logisch und geistreich antworten. Sie dürfen auch grotesk und bizarr reagieren. Um Kontra zu geben, genügen die üblichen Sprichworte. Noch ein paar Beispiele:

- *Der Angriff:* »Sie wollen sich doch nur wichtig machen.«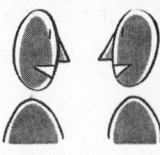

- *Das unpassende Sprichwort:* »Wie meine Großmutter schon sagte: Die Mücke fliegt so lange ums Licht, bis sie verbrennt.«

- *Der Angriff:* »Du siehst ja heute Morgen zum Gruseln aus. Hast du im Heuschober geschlafen?«

- *Das unpassende Sprichwort:* »Ich sage ja immer: Eine Schwalbe macht noch keinen Sommer.«

- *Der Angriff:* »Du bist ja ganz schön eingebildet. Aber Einbildung ist ja auch eine Bildung.«

- *Das unpassende Sprichwort:* »Na ja, wie das Sprichwort so schön sagt: Wasser hat keine Balken.«

Na, sind Sie auch dabei, doch noch einen Sinn in diesen Antworten zu suchen? Wie gesagt, auf die Sinnsucher-Automatik in unserem Gehirn können wir uns verlassen. Es steckt kein Sinn in diesen Antworten. Manche Angreifer zerbrechen sich wirklich sehr lange den Kopf darüber, wie das Sprichwort zu verstehen ist. Die meisten können nicht glauben, dass sie es mit einer extra angefertigten Sinnlosigkeit zu tun haben. Eine Teilnehmerin erzählte mir, dass ihr Angreifer tagelang über das unpassende Sprichwort nachgedacht hatte und dann zu ihr kam, um ihr zu erklären, wie er das Ganze nun verstanden hat. Nach seinen ausführlichen Erklärungen antwortete sie nur, er hätte das

Sprichwort vollkommen falsch verstanden. Sie riet ihm, weiter darüber nachzudenken. Kopfzerbrechen ist auch eine interessante Quälerei.

Das unpassende Sprichwort

- *Das Prinzip:* Antworten Sie mit einem Sprichwort, das überhaupt *nicht* zu dem Angriff passt. Ein Beispiel:
- *Der Angriff:* »Wenn Sie nur ein bisschen nachdenken, dann verstehen Sie auch, was ich Ihnen sagen will.«
- *Das unpassende Sprichwort:* »Eine Schwalbe macht noch keinen Sommer.«
- *Weitere Sprichworte:*
  - Hoffen und Harren macht manchen zum Narren.
  - Das dicke Ende kommt zuletzt.
  - Viele Köche verderben den Brei.
  - Morgenstund hat Gold im Mund.
  - Kindermund tut Wahrheit kund.
  - Die Bratwurst sucht man nicht im Hundestall.
  - Das Wasser hat keine Balken.
  - Zu viele Meister verderben den Kleister.
  - Wer den Teufel an die Wand malt, spart die Tapete.
  - Lieber breit grinsen als schmal denken.
  - Lieber Glück im Unglück als Pech in der Strähne.
- *Tipps zur Anwendung:* Benutzen Sie das unpassende Sprichwort immer dann, wenn Sie keine Lust haben,

sich mit einer dummen Bemerkung näher zu befassen. Lassen Sie den Angreifer in seiner Verwirrung schmoren.

Das unpassende Sprichwort ist kein Ersatz für eine Auseinandersetzung. Aber bevor eine sachliche Auseinandersetzung stattfinden kann, müssen die verbalen Angriffe aufhören. Mit dem unpassenden Sprichwort verderben Sie dem Widersacher das Angriffsspiel. Sie signalisieren, dass Sie auf der unsachlichen Schiene nicht erreichbar sind. Nutzen Sie die Verwirrung Ihres Gegners aus und lenken Sie anschließend das Gespräch auf die sachliche Ebene zurück.

Verderben Sie das Angriffsspiel.

Das dicke Ende verdirbt den Brei

Wenn Ihnen das unpassende Sprichwort gefällt, dann entwickeln Sie diese Technik für sich weiter. Durch einen kreativen Versprecher haben einige meiner Seminarteilnehmer/innen das unpassende Sprichwort abgewandelt. Wie alle Kontra-Antworten haben wir auch diese im Seminar trainiert. In einem Rollenspiel standen sich immer zwei Leute gegenüber. Einer der Teilnehmenden spielte den Angreifer, ein anderer sollte mit einem unpassenden Sprichwort kontern. Dabei griff ein Mann seine Partnerin im Rollenspiel mit folgenden Worten an: »Sie sind wohl auch eine von diesen schrecklichen Emanzen?« Die Frau

schaute auf ihre Seminarunterlagen und suchte nach einem unpassenden Sprichwort. In der Aufregung bekam
sie einiges durcheinander. Sie antwortete: »Ja, ja, das dicke
Ende verdirbt den Brei.« Daraufhin
war ihr Partner verwirrt, obwohl
der schon mit einigen Kuriositäten
gerechnet hatte. Also keine Sorge,
falls Ihnen kein richtiges Sprichwort einfällt, mixen Sie das, was
Ihnen durch den Kopf geht, kräftig durcheinander. Wenn
Sie Glück haben, kommt etwas Sinnloses dabei heraus.

Keine Sorge, falls Ihnen nichts einfällt. Hauptsache, Ihre Antwort ist sinnlos.

Im nächsten Kapitel wird es wieder etwas sinnvoller. Es
geht darum, wie Sie sich gegen unsachliche Kritik verteidigen können.

Wie Sie mit unsachlicher Kritik fertig werden

Ich kann Kritik ertragen, aber sachlich muss sie sein.« Das sagen die meisten Menschen, wenn es um das Thema Kritik geht. Was ist überhaupt unsachliche Kritik? Unsachlich ist es, wenn die Kritik mit Verachtung gespickt wird. Sehr häufig sind das Worte, die wehtun:

– »Sie haben mit diesem Vorschlag den Gipfel der Dummheit erreicht.«
– »Was du da anstellst, ist kompletter Schwachsinn!«
– »Ihre Examensarbeit bestand hauptsächlich aus dümmlichen Allgemeinplätzen.«

Mit solchen giftigen Worten wird der Empfänger der Kritik entwürdigt. Wer sich entwürdigt und verachtet fühlt, erlebt die Kritik immer als Angriff. Gleichgültig, wie berechtigt die Beanstandung ist, wenn wir uns angegriffen fühlen, gehen wir in den Widerstand. Wir machen innerlich dicht und lassen den Rollladen herunter.

Den Angreifer durchschauen

Es gibt verschiedene Gründe, warum Menschen unsachlich werden, wenn sie jemanden kritisieren. Meistens sind der Kritiker oder die Kritikerin mit sich selbst nicht im Reinen. Wer unsachlich kritisiert, ist noch voll von Ärger und Enttäuschung über das, was falsch gelaufen ist. Diese

negativen Gefühle bestimmen den Tonfall und die Wort-
wahl. Die Stimme klingt vorwurfsvoll oder aufgebracht.

Konflikte entstehen oft durch unachtsames Geplapper. Es wird übertrieben und verallge-
meinert. Dazu kommt häufig auch
der (mehr oder minder unbewusste) Wunsch, dem anderen eine Lek-
tion zu verpassen, ihn zurechtzu-
stutzen, ihn auf den Topf zu setzen.

Unsachliche Kritik kann aber auch eine andere Ursache
haben: Derjenige, der kritisiert, hat sich vorher keine Gedanken gemacht. Er oder sie plappert einfach drauflos und
spricht aus, was ihm in den Sinn kommt. Da rutschen dann
Sätze raus wie: »Was für eine blöde Idee.« Oder: »Das finde
ich vollkommen daneben.« Spontane Bekenntnisse, aber
ohne jedes Einfühlungsvermögen für den anderen. Was
aber, wenn der Empfänger der Kritik übersensibel ist?
Wenn er sich alles zu Herzen nimmt, was der andere nur
so beiläufig vor sich hin geschwätzt hat? Genau so fangen viele Konflikte an: Ein unbedachtes, gedankenloses
Geplapper trifft auf ein empfindsames, verletzliches
Ohr.

Geben Sie den Unsachlichen eine Chance

Leider können wir nicht gleich zu Anfang feststellen, ob
es sich bei der unsachlichen Kritik um einen echten Angriff
handelt oder nur um unbedachtes Geplapper. Deshalb bin
ich sehr dafür, dem unsachlichen Gesprächspartner eine

Chance zu geben und ihn nicht gleich wie einen herzlosen Angreifer zu behandeln. Ein Beispiel:

Margarete stellte ihr Marketingkonzept auf einer Konferenz in der Firma vor. Eine Kollegin kommentierte Margaretes Arbeit mit den Worten: »Sie waren ja bienenfleißig. Aber trotzdem ist dieses Konzept einfach nur langweilig und altbacken.« Mehr sagte die Kollegin nicht. Margarete war empört über diese unqualifizierte Bemerkung. Sie begann mit einer langen, ausführlichen Begründung, weshalb ihr Konzept nun doch spannend und neu sei. Aber je länger Margarete ihre Arbeit verteidigte, desto mehr bekam sie das Gefühl, dass ihr die Felle wegschwammen. Sie redete und redete, während die Kollegin zufrieden dasaß. Mehr und mehr bekam Margarete das Gefühl, sie würde sich vor allen Kollegen langsam entblößen. Sie stand mit dem Rücken zur Wand und rechtfertigte sich, obwohl ihr Konzept gut war. Margaretes Abwehr gegen diese unsachliche Kritik bestand aus einem Schwall von Rechtfertigungen. Für den Gegner ist das immer ein Signal dafür, dass der Angriff getroffen hat.

Rechtfertigungen zeigen, dass der Angriff getroffen hat.

Der unsachlichen Kritik den Giftstachel ziehen

In der unsachlichen Kritik der Kollegin waren die Worte › langweilig ‹ und › altbacken ‹ verletzend für Margarete. Solche herabsetzenden Worte sind genau der Giftstachel, der uns trifft. Deshalb ist es gut, wenn wir diese Worte nicht an uns heranlassen. Das geht recht einfach, wenn wir die giftigen Worte sofort als Frage zurückwerfen. Wir stellen damit das in Frage, was uns verletzt. In Margaretes Fall heißt das: Die Worte › langweilig ‹ und › altbacken ‹ nicht anzunehmen, sondern gleich zurückzufragen: »Was meinen Sie mit langweilig?« oder: »Was verstehen Sie unter altbacken?« Jetzt darf die Angreiferin sich rechtfertigen. Sie muss erklären, was sie damit sagen wollte. Mit dieser Gegenfrage verschafft sich Margarete zwei Vorteile: Erstens hat sie eine Verschnaufpause, in der sie sich sammeln kann. Ihre Gegenspielerin ist jetzt dran. Zweitens ist die Angreiferin durch die entgiftende Gegenfrage in Zugzwang gekommen. Jetzt wird sich zeigen, ob sie wirklich sachliche Argumente hatte oder ob sie nur sticheln wollte. Reagiert die Angreiferin auf die entgiftenden Gegenfragen wieder nur mit unsachlichen Allgemeinplätzen, dann entlarvt sie sich selbst. Margarete kann

Durch Nachfragen behalten Sie die Kontrolle. jedes ihrer giftigen Worte hinterfragen, und irgendwann fällt selbst dem schläfrigsten Konferenzteilnehmer auf, dass die Angreiferin nur unqualifizierte Sticheleien von sich gibt.

Wir haben im Seminar die Konferenz mit Margarete nachgestellt, um die Selbstverteidigungstechnik praktisch zu trainieren. Ich spielte die Angreiferin und Margarete wiederholte noch einmal ihre reale Situation:

Ich als Angreiferin: »Sie waren ja bienenfleißig. Aber Ihr Konzept ist langweilig und altbacken.«

Margarete: »Was meinen Sie mit langweilig?«

Angreiferin: »Nun, das Ganze ist doch Schema F.«

Margarete: »Was verstehen Sie unter Schema F?«

Angreiferin: »Na ja, halt das Übliche, nichts Neues. Ein einfallsloses Marketingkonzept.«

Margarete: »Ich habe jetzt schon zweimal nachgefragt, aber bisher sind Sie mit Ihren Einwänden unkonkret und unsachlich geblieben. Ich kann damit beim besten Willen nichts anfangen. Ich will aber gern noch einmal darauf eingehen, welche Punkte in dem vorliegenden Konzept besonders spannend sind. Da ist zuerst einmal die Präsentation des Produktes ...«

Margarete ging kurz auf die wichtigsten Punkte ihres Konzeptes ein. Das unsachliche Genörgel der Angreiferin ließ sie links liegen. Margarete wirkte dabei souverän und ruhig. Sie sagte nach dem Rollenspiel: »Das Nachfragen war sehr gut. Dadurch habe ich die Kontrolle behalten und bin nicht in eine negative Stimmung gekommen. Keines der unsachlichen Worte hat mich getroffen. Ich habe den Ball einfach zurückgeworfen.«

Kein Anschluss unter dieser Nummer

Gehen Sie mit unsachlichen Bemerkungen so um, als würden Sie die Worte nicht verstehen. Als wäre es eine Fremdsprache, die Sie nicht beherrschen. Das ist es im Grunde

auch. Wer weiß schon, was › altbacken‹ wirklich bedeutet?
Oder was heißt eigentlich › langweilig‹? Stellen Sie diese
Worte sofort in Frage. Wehren Sie sich nicht dagegen,
sondern verstehen Sie sie einfach nicht. Wenn wir uns
wehren, zeigen wir, daß die giftige Bemerkung schon in
uns eingedrungen ist. Jetzt kämpfen wir dagegen an. Be-
ginnen Sie viel früher mit Ihrer Selbstverteidigung. Stoppen Sie Ihr Verstehen. Schalten Sie

Hören Sie auf,
unsachliche Bemerkungen
zu verstehen.

um auf › Kein Anschluss unter dieser Nummer‹. Trainieren Sie sich
eine gewisse Begriffsstutzigkeit an.
Sie kapieren bestimmte Worte ein-
fach nicht mehr. Durch Ihr Nichtverstehen bringen Sie
Sand ins Getriebe des Angriffs. Weitere Beispiele dazu:

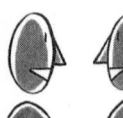

- *Unsachliche Kritik:* »Sie haben mit diesem
  Vorschlag den Gipfel der Dummheit er-
  reicht.«
- *Entgiftende Gegenfrage:* »Was meinen Sie mit
  › Gipfel der Dummheit‹?«

- *Unsachliche Kritik:* »Was du da anstellst, ist kompletter
  Schwachsinn!«
- *Entgiftende Gegenfrage:* »Was meinst du mit › kompletter
  Schwachsinn‹?«

- *Unsachliche Kritik:* »Deine Leistungen sind völlig im Keller.«
- *Entgiftende Gegenfrage:* »Was verstehst du unter › völlig
  im Keller‹?«

- *Unsachliche Kritik:* »Diese Art von Präsentation ist absolut geschmacklos.«
- *Entgiftende Gegenfrage:* »Was verstehen Sie unter dem Begriff › geschmacklos‹?«

- *Unsachliche Kritik:* »Ihre Examensarbeit bestand hauptsächlich aus dümmlichen Allgemeinplätzen.«
- *Entgiftende Gegenfrage:* »Wie definieren Sie › dümmliche Allgemeinplätze‹?«

Wer fragt, der führt

Die entgiftende Gegenfrage bringt Sie aus einer Unterlegenheit heraus. Sie sind nicht länger der oder die Geschlagene, sondern Sie stellen **Fragen Sie Ihren Widersacher, wie er es gemeint hat.** jetzt Forderungen. Ihre Forderung an den Angreifer lautet: Erkläre mir diese Worte.

Damit schlagen Sie gleich drei Fliegen mit einer Klappe:
- Ihr Gesprächspartner ist gezwungen, sein pauschales Urteil zu erläutern. Dadurch geben Sie dem anderen eine faire Chance, doch noch sachlich zu werden.
- Durch die Gegenfrage gewinnen Sie Zeit. Während Ihr Gesprächspartner sich um eine Erklärung bemüht, können Sie darüber nachdenken, was überhaupt los ist und wie Sie sich verhalten wollen.
- Sie lassen sich nicht unterbuttern. Mit Fragen lässt sich ein Gespräch steuern. Wer fragt, der führt. Mit der

entgiftenden Gegenfrage bestimmen Sie das Thema. Jetzt muss der Angreifer auf Ihre Frage eingehen.

Die entgiftende Gegenfrage

- *Das Prinzip:* Nehmen Sie das Wort, das Sie verletzt oder trifft. Fragen Sie den Angreifer, was dieses giftige Wort bedeutet.

Ein Beispiel:

- *Der Angriff:* »Sie haben da ja einen Riesenblödsinn gemacht.«
- *Die entgiftende Gegenfrage:* »Was meinen Sie genau mit › Riesenblödsinn‹?«
  »Was meinen Sie mit ... (giftiges Wort einsetzen)?«
  »Was meinst du, wenn du sagst ... (giftiges Wort einsetzen)?«
  »Wie definieren Sie ... (giftiges Wort einsetzen)?«
  »Interessant. Was genau bedeutet ... (giftiges Wort einsetzen) für Sie?«
- *Tipps zur Anwendung:* Benutzen Sie die entgiftende Gegenfrage, wenn Sie unsachlich kritisiert werden. Damit halten Sie verletzende Worte auf Abstand und geben Ihrem Gegenüber eine Chance, doch noch sachlich zu werden.

Es gibt zwei Situationen, in denen Sie besser auf die entgiftende Gegenfrage verzichten sollten. Bei Vorträgen vor einem Publikum oder in einer Diskussionsrunde kommt es vor, dass Angreifer versuchen, sich mit giftigen Zwischenrufen in Szene zu setzen. Sie wollen damit Redezeit und die Aufmerksamkeit der Anwesenden gewinnen. Wenn Sie offiziell das Rederecht haben, dann ist es besser, keine entgiftenden Gegenfragen zu stellen. Ihr Angreifer käme dadurch zum Zuge. Er oder sie kann sich nun in Ihrer Redezeit ausbreiten. Deshalb in solchen Situationen: Lassen Sie den Angreifer ins Leere laufen. Tun Sie seine Attacken mit einem Satz ab: »Sie können später Ihre Meinung sagen.« Oder: »Lassen Sie mich bitte ausreden.« Keine Aufmerksamkeit für Provokateure. Entgiftende Gegenfragen funktionieren auch nicht bei Menschen, die nicht ganz zurechnungsfähig sind. Also Betrunkene oder Menschen, die gerade einen Wutanfall haben oder anderweitig gestört sind. Hier können Sie keine sinnvolle Antwort auf Ihre Gegenfrage erwarten. Ansonsten ist die entgiftende Gegenfrage eine gute Abwehrstrategie gegen herabwürdigende Worte.

Geben Sie in Diskussionen Provokateuren keinen Raum.

Viele Teilnehmer/innen der Seminare und Trainings haben es sich angewöhnt, Bemerkungen wie »Du bist doch bescheuert«, »Du hast sie nicht mehr alle«, »Was bilden Sie sich eigentlich ein!« generell nicht mehr zu akzeptieren. Sie schalten sofort um auf »Versteh ich nicht. Was bedeutet das?« Auch diejenigen, die bisher bei einem Angriff eher sprachlos waren, kommen mit der entgiftenden Gegenfrage bestens zurecht. Sie müssen keine passende Retourkutsche erfinden, sondern Sie fragen einfach nach, was die Worte zu bedeuten haben.

Sie haben ein Recht auf sachliche Kritik

Kritik ist eine sinnvolle und wichtige Rückmeldung, die uns weiterbringen kann. Aber nur, wenn sie so vorgebracht wird, dass wir sie auch aufnehmen und verdauen können. Konstruktive Kritik, also Kritik, die aufbaut, ist immer auf die Leistung oder das Ergebnis bezogen. Die Person wird nicht herabgewürdigt oder gedemütigt. Sinnvolle Kritik ist präzise und wärmt nicht den Schnee von gestern wieder auf nach

Warten Sie mit Kritik nicht zu lange.

dem Motto: »Und schon damals vor vier Jahren haben Sie ein langweiliges Konzept entwickelt. Da waren auch noch sieben Tippfehler drin. Und vor drei Monaten sind Sie zu spät zur Arbeit gekommen.« Solche Generalabrechnungen sind für denjenigen, der an den Pranger gestellt wird, kaum zu ertragen. Der Betreffende ist gezwungen, alles abzuwehren. Auch das, was vielleicht berechtigt ist und stimmt. Wenn die Kritik in so einem Schwall kommt, hat der Kritiker oder die Kritikerin zu lange damit gewartet. Es hat sich zu viel aufgestaut. Deshalb mit Beanstandungen nicht zu lange schwanger gehen, sondern aussprechen, solange die Sache noch frisch ist. Aber auch hier ist es wichtig, dass der Rahmen stimmt: keine Kritik zwischen Tür und Angel, im Vorbeigehen oder, was noch schlimmer ist, vor den Augen und Ohren der anderen. Ein gutes Kritikgespräch findet in Ruhe und unter vier Augen statt. (Hinweise dazu, wie Sie Kritik selbstsicher aufnehmen können, finden Sie in meinem Buch *Die etwas gelassenere Art, sich durchzusetzen.*)

Möglicherweise würden Sie Ihrem Angreifer gegenüber gern mehr Härte zeigen. Dazu finden Sie viele Anregungen im nächsten Kapitel, denn dort geht es um die wirklich erbarmungslosen Selbstverteidigungsstrategien. Sie erfahren, wie Sie Ihren Gegner kleinkriegen, und zwar indem Sie ihm zustimmen, ihn bewundern und loben.

Wer den Gegner umarmt, macht ihn bewegungslos

Wenn Sie Ihren Angreifer wirklich treffen wollen, dann geben Sie nach. Geben Sie ihm Recht. Das ist besonders unangenehm, wenn Ihr Gegenüber damit rechnet, dass Sie dagegen halten, dass Sie mit ihm kämpfen.

Gratulieren Sie Ihrem Angreifer. Ihr Widersacher rechnet mit Ihrem Widerstand – ja, er braucht ihn sogar. Der Angriff ist wirkungslos, wenn Sie plötzlich einlenken. Stellen Sie sich vor, Ihr Gegenüber hält Ihnen (mit Worten) seine Faust unter die Nase. Was tun Sie? Statt auch die Faust zu ballen, schütteln Sie dem Angreifer freundlich die Hand und gratulieren Sie ihm zu seiner Meinung.

Wer den Gegner umarmt, macht ihn bewegungslos

Das Nachgeben erspart uns so manche sinnlose Redeschlacht, wie das Beispiel von David zeigt: David wurde
Vater und beschloss, sich dieser neuen Rolle wirklich zu
widmen. Er arbeitete in einer Behörde und ging dort auf
eine Halbtagsstelle, um mehr Zeit für das Baby zu haben.
Außerdem war er aktives Mitglied im Fußballverein. Als
das Kind da war, wollte er nicht mehr so häufig trainieren.
Seine Vereinskameraden waren über Davids Entscheidungen nicht sehr glücklich. Sie fingen an, ihn zu hänseln. »Der
David übt schon mal. Das nächste Kind kriegt dann nicht
seine Frau, sondern er.« Oder: »Wenn du schon jeden
Abend zu Hause bist, dann willst du sicherlich das Baby
auch stillen.« Allgemeines Gelächter. Für David war die
Sache sehr ernst. Zuerst versuchte
er es mit ganz sachlichen Erklärun-   **Je heftiger Sie sich weh-**
gen. Er wollte seine Freunde über-   **ren, desto mehr Spaß**
zeugen, dass er als Vater für sein   **hat Ihr Angreifer.**
Kind auch wichtig war, dass er die
ersten Lebensjahre nicht verpassen wollte. Aber die Sticheleien gingen weiter. David wurde ärgerlich. Das heizte die
ganze Sache noch mehr an. Jetzt kamen seine Vereinskameraden richtig in Fahrt. Je mehr sich David wehrte, desto
heftiger wurde er attackiert. Dann änderte David plötzlich
seine Verteidigungsstrategie. Er kämpfte nicht mehr, sondern gab sofort nach. Er stimmte jedem Angreifer zu: »Ja,
du hast vollkommen Recht.« Manchmal fügte er noch
hinzu: »Ich gebe dir gern Recht, wenn es dir dadurch ein
bisschen besser geht.« Er blieb konsequent bei dieser Zustimmung. Die Attacken gegen ihn wurden allmählich

lahmer. Ohne Davids Widerstand funktionierte es nicht mehr.

So bringen Sie den Angreifer aus dem Gleichgewicht

In vielen asiatischen Kampfsportarten wird der Angreifer durch Nachgeben zu Fall gebracht. Die Kraft der Attacke wird nicht abgewehrt, sondern aufgenommen und sogar noch übertrieben. Dadurch kommt der Angreifer aus dem Gleichgewicht und fällt hin. Das Gleiche funktioniert auch mit Worten. Die Zustimmung ist wie eine Gummiwand, gegen die der Angreifer läuft. Sie bleibt weich, gibt nach, passt sich an. Die Angriffe verpuffen wirkungslos, wie ein Parfüm im Hurrikan.

Nachgeben und zustimmen

- *Das Prinzip:* Ihr Angreifer will Recht haben und kämpft dafür. Stimmen Sie zu, geben Sie ihm Recht. Sagen Sie dem anderen, dass Sie gern bereit sind nachzugeben, wenn ihm das hilft.
- *Der Angriff:* »Du bist doch nicht normal!«
- *Die Zustimmung:* »Wenn es dir dadurch besser geht, gebe ich dir gerne Recht.«
  »Stimmt. Du hast Recht.«
  »Hilft es dir, wenn ich dir Recht gebe?«

»Ich stimme Ihnen gern zu, wenn es Ihnen dadurch besser geht.«

»Ja, Sie haben vollkommen Recht. Geht es Ihnen jetzt besser?«

»Wenn Sie es brauchen, stimme ich Ihnen gerne zu.«

- *Tipps zur Anwendung:* Diese Strategie können Sie überall dort anwenden, wo Ihnen das Genörgel und die Aufgeblasenheit von anderen gegen den Strich geht. Aber geben Sie nur dort dem anderen Recht, wo Sie es unbeschadet tun können.

Nachgeben und trotzdem beharrlich bleiben

Was aber, wenn Sie bei einem Angriff nicht so einfach nachgeben können, weil die Angelegenheit, um die es geht, zu wichtig für Sie ist? Beispielsweise, wenn Sie mitten in einer wichtigen Verhandlung stecken. Sie und Ihr Gegenüber ringen um eine bestimmte Sache und plötzlich werden Sie angegriffen. So etwas ist einem Ehepaar passiert, das an einem meiner Verhandlungstrainings teilnahm.

Stimmen Sie zu und bleiben Sie gleichzeitig hartnäckig.

Die beiden ließen sich von einer renommierten Baufirma ein Einfamilienhaus bauen. Bei der Endabnahme des Hauses kamen die Baumängel zur Sprache. Zum Glück waren keine gravierenden Mängel aufgetreten, bis auf ein falsch eingebautes Dachfenster. Obwohl das Gespräch sachlich verlief, regte sich ein Vertreter der Baufirma plötzlich auf, als es um das Dachfenster ging. Er sagte: »Kleinbürgerliche Hausbesitzer können wir nie zufrieden stellen. Die finden immer einen Vorwand, um zu nörgeln.« Im Prinzip hätte das Ehepaar diesen Angriff allein durch das Nachgeben abwehren können. Etwa so: »Stimmt! Wir sind kleinbürgerlich und freuen uns über diesen Vorwand zum Nörgeln.« Aber die beiden wollten eine sachlichere Antwort geben. In solchen Fällen hilft eine kleine Variante: nur teilweise zustimmen, aber gleichzeitig in der Sache beharrlich bleiben. Das geht am leichtesten in zwei Sätzen. Dabei wird im ersten Satz die *Sichtweise des Angreifers* bestätigt. Das klingt dann so:

»Ich kann mir vorstellen, dass Sie das so sehen.« Oder: »Ja, von Ihrem Standpunkt aus mag das so sein.« Oder: »Stimmt! An Ihrer Stelle würde ich wahrscheinlich auch so denken.«

Mit dem zweiten Satz wird *die Sache, um die es geht*, beharrlich verteidigt. Das klingt dann so:

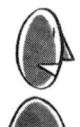

- *Der Angriff:* »Kleinbürgerliche Hausbesitzer können wir nie zufrieden stellen. Die finden immer einen Vorwand, um zu nörgeln.«
- *Zustimmung mit Beharrlichkeit:* »Ja, für Sie mag das so aussehen. Und das Dachfenster ist falsch eingebaut.« Oder: »Stimmt! An Ihrer Stelle würde mich das auch ärgern. Und das Dachfenster stand so nicht in den Bauplänen.«

Im ersten Satz bestätigen Sie die Meinung Ihres Gegenübers, aber nur als Meinung. Sie sagen *nicht*, der andere hätte ganz und gar Recht. Sie sagen nur, dass Sie den Standpunkt nachvollziehen können. Ein feiner, aber wichtiger Unterschied. Im zweiten Satz bringen Sie mit einem »und« beharrlich Ihren Wunsch vor. Einfacher ausgedrückt: Sie können alles Mögliche verstehen *und* möchten, dass das passiert, was Sie wollen.

Ihr Gegenüber merkt recht schnell, dass seine Attacken wirkungslos verpuffen, weil Sie erstens alles verstehen können und zweitens hartnäckig an Ihrem Anliegen festhalten.

Zustimmung mit Beharrlichkeit

- *Prinzip:* Zeigen Sie dem Angreifer, dass Sie seine Sichtweise verstehen, *und* bleiben Sie beharrlich bei dem, was Sie wollen.

- *Der Angriff:* »Nun überlegen Sie doch nicht so lange. Es kann doch nicht so schwer sein, einfach Ja zu sagen.«

- *Zustimmung mit Beharrlichkeit:* »Ich kann gut verstehen, dass Sie eine schnelle Antwort möchten. Und ich brauche noch einen Tag Bedenkzeit.«

  »Ich kann mir vorstellen, dass du so denkst. Und ich möchte ... (Jetzt kommt Ihr Anliegen).«

  »Ich an ihrer Stelle würde wahrscheinlich auch so reagieren. Und es geht darum, dass ... (Kommen Sie zurück auf die Sache).«

  »Ich an Ihrer Stelle würde das auch sagen. Und wir haben weiterhin das Problem ... (zurück zur Sache).«

- *Tipps zur Anwendung:* Benutzen Sie die Zustimmung mit Beharrlichkeit immer dann, wenn Sie wichtige Gespräche oder Verhandlungen führen. Bügeln Sie den Angriff mit Verständnis ab und kommen Sie auf Ihren Wunsch oder auf die Sache zurück.

Setzen Sie den Widersacher schachmatt: Bewundern Sie ihn

Nachgeben und Verständnis zeigen sind schon harte Strategien der Selbstverteidigung, aber es gibt noch eine härtere Form: das Kompliment. Besonders wirkungsvoll ist das Kompliment bei Leuten, die es darauf anlegen, überlegen zu wirken, und dabei gern mit einer Prise Verachtung um sich werfen. Solche Menschen werden normalerweise als arrogant bezeichnet. Unter dieser arroganten Schale steckt meistens ein Kern, der sich klein und minderwertig fühlt. Arroganz nach außen soll dieses innere Minderwertigkeitsgefühl ausgleichen. Im Alltag können uns arrogante Menschen auf die Palme bringen. Ihre Gesten der Überlegenheit treffen bei uns einen wunden Punkt – unsere eigene Angst, minderwertig zu sein. Automatisch fangen wir an, uns zu wehren, um unser Selbstwertgefühl zu verteidigen. Arrogante Menschen verwickeln uns deshalb auch schnell in einen Streit. Um keinen Preis würden wir diese Leute auch noch anerkennen, loben oder sonst wie

Hinter Arroganz steckt meist ein Minderwertigkeitsgefühl.

bestärken. Genau da setzt diese Strategie an. Sie bringen den Gegner aus seinem Gleichgewicht, wenn er das bekommt, was er so dringend haben will: die Überlegenheit. Aber davon viel zu viel.

Das Kompliment

- *Das Prinzip:* Setzen Sie Ihren Gegner schachmatt, indem Sie ihn bewundern und loben. Beispielsweise so:
- *Der Angriff:* »Wenn Sie so überempfindlich reagieren, werden Sie nie erfolgreich sein.«
- *Das Kompliment:* »Ich bewundere Ihr Wissen und Ihre Weisheit.«
  »Ich mag die Art, wie Sie die Worte aneinander reihen.«
  »Ich bin schwer beeindruckt.«
  »Vielen Dank für diese Lebenshilfe.«
  »Sie sind mir haushoch überlegen.«
  »Vielen Dank für deine wunderbaren Ratschläge.«
- *Tipps zur Anwendung:* Je übertriebener Sie loben, desto härter wirkt diese Strategie. Sie können milde bleiben, etwa so: »Sie wissen es einfach besser als ich.« Oder ironisch werden und den Widersacher aufs Podest stellen: »Sie sind mir haushoch überlegen.«

Wird sich der andere nicht irgendwie hochgenommen fühlen? Ja, das ist gut möglich. Aber Ihr Angreifer steckt trotzdem in der Zwickmühle. Wenn Sie ihn ganz ernsthaft anerkennen, weiß er nicht, wie er das verstehen soll. Er wollte ja schließlich obenauf sein. Loben Sie ihn aber ironisch über den Klee, dann wird er sich zweifelsfrei veräppelt fühlen. Falls Sie sich nicht sicher sind, ob das zu grausam ist, bleiben Sie hart an der Grenze. Loben Sie Ihren Widersacher nur so viel, dass er etwas irritiert ist. Das ist vor allem dann wichtig, wenn Sie anschließend noch vernünftig miteinander reden wollen.

Wenn Sie Ihren Angreifer richtig verblüffen wollen, loben Sie ihn.

In den nächsten Kapiteln geht es um die hohe Kunst der Selbstverteidigung, sozusagen um den schwarzen Gürtel. Zu Beginn erfahren Sie, wie Sie Ihrem Angreifer einen Spiegel vorhalten können.

Der schwarze Gürtel

*Wenn der Ausübende, nachdem er den langen und
beschwerlichen Weg zur Meisterschaft hinter sich gebracht hat, innerlich und äußerlich frei ist, so sieht er
den Angriff, der den Frieden stört, sich abzeichnen,
ehe er noch konkrete Gestalt angenommen hat.
Es genügt dann, durch ein entschiedenes und
maßvolles Mittel den Fortgang des Angriffs
zu unterbinden, vielleicht schon,
bevor er noch physisch vollzogen wurde.*

André Protin

Nehmen Sie es nicht persönlich

Ob ein Angriff Sie trifft, entscheiden Sie selbst. Sonst niemand. Ihr Angreifer wirft Ihnen eine dumme Bemerkung vor die Füße. Aber er kann nicht bestimmen, was Sie damit machen. Es ist so, als würde Ihnen ein alter, stinkender Schuh angeboten werden. Jetzt haben Sie die Wahl, ob Sie sich diesen Schuh anziehen wollen oder nicht.

Lassen Sie sich nicht treffen: Ziehen Sie sich nicht jeden Schuh an.

Wenn Sie sich getroffen fühlen, haben Sie sich den Schuh angezogen. Tatsächlich sind wir alle unschlagbar. Wir können stinkende Schuhe einfach stehen lassen. Wir können dafür sorgen, dass uns ein Angriff nicht trifft. Und damit sind wir bei der hohen Kunst der Selbstverteidigung. Hier geht es sozusagen um den schwarzen Gürtel, um die Fähigkeit, einen Angriff überhaupt nicht an sich heranzulassen.

Ich möchte Ihnen eine äußerst wirkungsvolle Technik zeigen, mit der Sie den Angriff dort lassen, wo er entstanden ist – beim Angreifer.

Wer Sie angreift, hat selbst ein Problem

Diese Selbstverteidigungstechnik basiert auf einer einfachen Tatsache: Niemand kann kommunizieren, ohne auch etwas von sich selbst preiszugeben. Neben den Worten, dem eigentlichen Inhalt der Botschaft, erfahren Sie immer etwas über denjenigen, der da spricht. Derjenige, der etwas mitteilt, zeigt auch etwas von sich selbst. Und dieses Sich-zeigen lässt sich nicht abstellen oder verbergen. Wenn ich jetzt mit Ihnen redete, würden Sie neben meinen Worten auch noch eine ganze Menge über mich erfahren. Sie würden vor allem merken, in welchem Zustand ich bin. Sie merken, ob ich eher ruhig und gelöst bin oder unter Spannung stehe, ob ich hektisch oder ausgeruht bin. Sie stellen das fest, während ich Ihnen beispielsweise etwas übers Bücherschreiben erzähle. Ich kann nicht verhindern, dass ich etwas von mir preisgebe. In dem Moment, in dem wir miteinander reden, bekommen wir auch mit, in welchem Zustand unser Gegenüber ist. Das gilt natürlich auch für Angreifer. Jeder Angreifer zeigt etwas von sich. Aus dieser Tatsache lässt sich eine sehr wirksame Selbstverteidigungstechnik ableiten. Wenn Sie einen Angriff nicht persönlich nehmen wollen, dann hören Sie dem Angreifer anders zu als bisher. Konzentrieren Sie sich nicht auf die Worte des Angriffs, sondern darauf, was der Angreifer zwangsläufig von sich selbst preisgibt. Konzentrieren Sie sich auf den Zustand des Angreifers. Was offenbart er (oder sie) über sich? Ein praktisches Beispiel: Jemand sagt wutentbrannt zu Ihnen: »Sie sind ein Hornochse!« Zweifellos ein Angriff. Ein alter, stinkender Schuh wurde Ihnen vor

Halten Sie dem Angreifer einen Spiegel vors Gesicht.

die Füße geworfen. Sie wissen, dass sie kein Hornochse sind. Also ziehen Sie sich den Schuh nicht an. Über Tatsachen müssen Sie nicht streiten. Achten Sie stattdessen darauf, was der Angreifer von sich selbst preisgegeben hat. Was hat der Angreifer von sich gezeigt? Er ist ärgerlich. Die dazu passende Kontra-Antwort ist einfach und unspektakulär. Sie halten dem Angreifer einen Spiegel vors Gesicht und sagen ihm ganz sachlich, wie *sein eigener* Zustand zur Zeit aussieht. Zum Beispiel so:

• *Der Angriff:* »Sie sind ein Hornochse!«

• *Die Kontra-Antwort:* »Sie sind im Moment verärgert.« Punkt. Mehr nicht.

Die Kontra-Antwort ist eine sachliche Feststellung. Sie bezieht sich auf den *Zustand* des Angreifers, nicht auf die genauen Worte. Mit dieser schlichten, sachlichen Feststel-

lung »Sie sind im Moment verärgert« zeigen Sie, dass Sie
den Ärger des Angreifers bemerkt haben und alles, was er
gesagt hat, diesem Ärger zuschreiben. Es hat nichts mit
Ihnen zu tun. Sie sind außen vor. Sie lassen den Ärger dort,
wo er entstanden ist – beim Angreifer. Sie zeigen damit
deutlich: Das betrifft mich nicht.

Eine sachliche Feststellung ist sehr simpel. Jede Ärztin,
jeder Arzt lebt davon. Eine Diagnose ist so eine sachliche
Feststellung. Dem Patienten wird gesagt, was mit ihm los
ist: »Sie haben einen grippalen Infekt.« Oder: »Die Schmerzen kommen von einem eingewachsenen Zehennagel.«
Diese nüchterne, sachliche Diagnose können Sie auch mit
Ihrem Widersacher durchführen. Sie stellen einfach fest,
was mit ihm los ist. Eine kurze Diagnose und Schluss. Das
klingt dann so:

- *Der Angriff:* »Sie machen wohl Witze!«

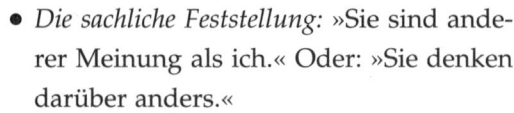

  - *Die sachliche Feststellung:* »Sie sind ande-
    rer Meinung als ich.« Oder: »Sie denken
    darüber anders.«

  - *Der Angriff:* »Sie haben doch nicht mehr
  alle Tassen im Schrank!«

- *Die sachliche Feststellung:* »Sie sind jetzt sehr verärgert.«
  Oder: »Sie regen sich sehr auf.«

- *Der Angriff:* »Also nein, wie kann man sich in deinem
  Alter nur so herausputzen. Du siehst aus wie eine Oma,
  die ihre Pubertät nachholt.«

- *Die sachliche Feststellung:* »Meine Aufmachung gefällt dir
  nicht.« Oder: »Du hast einen anderen Geschmack als ich.«

Die sachliche Feststellung können Sie nur machen, wenn Sie innerlich umschalten. Sie lassen die genauen Worte vollkommen außen vor. Und Sie kümmern sich auch nicht darum, wie Ihr Angreifer Sie gerade behandelt. Sie achten nur darauf: Was ist mit ihm (oder ihr) los?

Sie können sich die sachliche Feststellung leichter machen, wenn Sie dem Angreifer anders zuhören als bisher:

- Gehen Sie in einen unpersönlichen, neutralen Zustand. Bauen Sie Ihren inneren Schutzschild auf.

- Konzentrieren Sie sich auf die Befindlichkeit des anderen, nicht auf seine genauen Worte.

- Halten Sie dem Angreifer einen Spiegel vor und sagen Sie ihm kurz und nüchtern, was mit ihm los ist.

- Die sachliche Feststellung beginnt mit dem Wort »Sie« (»Sie sind richtig empört darüber.«) bzw. mit dem Wort »du« (»Du bist ärgerlich.« »Du hast dazu eine andere Meinung.«).

- Machen Sie anschließend sofort einen Punkt. Geben Sie keine langen Erklärungen ab. Erteilen Sie keine Ratschläge.

Mit der sachlichen Feststellung halten Sie dem Angreifer einen Spiegel vor

Verwickeln Sie sich nicht in die Emotionen Ihres Angreifers

Achten Sie darauf, dass Sie nicht zu viel am anderen herumdoktern. Vor allem keine tiefenpsychologischen Diagnosen wie diese: »Du hat ja im Grunde immer noch nicht die Beziehung zu deiner Mutter aufgearbeitet und deshalb versuchst du nun unbewusst, dein Trauma an mir abzuarbeiten.« Das ist ein Schlag mit der Psychokeule. Die sachliche Feststellung dagegen ist immer kurz und bezieht sich auf das, was beim anderen ganz offensichtlich ist, auf seine Aufregung, seinen Ärger, seine Skepsis, seine Ablehnung usw. Versuchen Sie Ihren Angreifer nicht mit der sachlichen Feststellung zu manipulieren. Es geht nicht darum, dass Ihr Widersacher durch Ihre Worte etwas einsieht, zur Besinnung kommt, geheilt oder erleuchtet wird. Sie nehmen den Angriff nicht persönlich. Das ist alles. Bringen Sie kein zusätzliches Gift hinein, indem Ihre sachliche Feststellung leicht beleidigend ausfällt, etwa so: »Sie sind spießig und borniert.« Auch wenn Sie das Gefühl haben, Sie hätten den anderen präzise durchschaut, Worte wie »spießig« und »borniert« sind giftig. Wenn Sie mit Gift zurückschlagen, dann zeigen Sie sehr deutlich, dass Sie sich den Schuh schon angezogen haben und sich jetzt dagegen wehren. Mit einer sachlichen Feststellung halten Sie Abstand zu der Meinung Ihres Angreifers. Sie lassen den Ärger dort, wo er entstanden ist – bei

Doktern Sie nicht am Angreifer herum, verzichten Sie auf die Psychokeule.

Ihrem Gegenüber. Sagen Sie kurz und neutral, dass Sie mitbekommen haben, was mit ihm los ist. Bleiben Sie ruhig, verwickeln Sie sich nicht in die Emotionen Ihres Gegenübers. Denken Sie daran: Sie können Ihren Angreifer nicht direkt verändern, aber er oder sie kann von Ihren Gefühlen angesteckt werden. Ihre gelassene Haltung kann auf den Angreifer abstrahlen.

Die sachliche Feststellung

- *Das Prinzip:* Bleiben Sie vollkommen ruhig und nehmen Sie den Angriff nicht persönlich. Sie konzentrieren sich auf den Zustand Ihres Gegners. Spiegeln Sie den Zustand kurz und nüchtern zurück.
- *Der Angriff:* »Was Sie da verzapft haben, ist der größte Unsinn, den ich je gesehen habe.«
- *Die sachliche Feststellung:* »Ihnen gefällt meine Arbeit nicht.« Oder: »Sie haben etwas anderes erwartet.«

- *Der Angriff:* »So einen dummen Vorschlag hätte ich von dir nicht erwartet.«
- *Die sachliche Feststellung:* »Du bist noch skeptisch.« Oder: »Mein Vorschlag gefällt dir nicht.«

- *Der Angriff:* »Sie Hornochse!«
- *Die sachliche Feststellung:* »Sie sind jetzt sehr ärgerlich.«
- *Anwendung im Alltag:* Benutzen Sie die sachliche Fest-

stellung immer dann, wenn Sie die Anklage oder die Verurteilung des Angreifers auf Distanz halten wollen. Besonders wirkungsvoll ist die sachliche Feststellung bei unsachlicher Kritik, bei Vorwürfen und Nörgeleien.

So sorgen Sie für mehr Sachlichkeit

Bei unsachlicher Kritik oder stänkernden Zeitgenossen wirkt die sachliche Feststellung ungeheuer dämpfend. Ihr Angreifer stürmt mit zweihundert PS Empörung auf Sie zu. Sie bremsen ihn voll aus, indem Sie ihm (ihr) nüchtern den Spiegel vorhalten.

Wenn Sie nicht näher auf die genauen Worte des Angriffs eingehen, merkt Ihr Angreifer recht schnell, dass Sie wirklich unschlagbar sind. In der Regel hören die Angriffe auf. Jetzt können Sie versuchen, mit dem Angreifer ein normales Gespräch zu führen. Ich empfehle meinen Teilnehmer/innen, diese Selbstverteidigung immer dann zu benutzen, wenn ihnen viel daran liegt, dass ein Gespräch sachlich verläuft. Zum Beispiel in Verhandlungen. Viele fragen mich, wie sie mit der Unsachlichkeit ihres Verhandlungspartners umgehen können. Es besteht die Gefahr, dass die Sachebene restlos verloren geht, wenn wir uns zu sehr auf provozierende Bemerkungen einlassen. Eine gute Möglichkeit, mit unsachlichen Einwürfen in Verhandlungen fertig zu werden, ist, den Gegner ins Leere laufen zu

Mit einer sachlichen Feststellung bremsen Sie Ihren Angreifer voll aus.

lassen und die unsachliche Bemerkung zu ignorieren. Eine andere Möglichkeit ist die sachliche Feststellung. Dazu ein Beispiel aus einem Verhandlungstraining: Wir haben uns mit unangenehmen Verhandlungspartnern und Sackgassen in Verhandlungen beschäftigt. Eine häufig auftretende Schwierigkeit ist ein Verhandlungspartner, der die Sachebene verlässt und persönlich wird. In diesem Fall sagt der Verhandlungspartner plötzlich: »Sie sind ganz rot geworden im Gesicht! Ihnen ist das Ganze wohl sehr peinlich oder lügen Sie etwa?« Hier besteht die Gefahr, dass die ganze Verhandlung kippt. Entweder der Angesprochene wird tatsächlich rot

Sorgen Sie dafür, dass der Angriff wirkungslos bleibt.

und verliert den Faden oder er (sie) wird aggressiv: »Was soll das jetzt? Wie ich aussehe, geht Sie nichts an. Sie wollen bloß ablenken!« Dadurch bekommt der Angreifer Aufwind. Seine Provokation hat funktioniert. Die eigentliche Sache, um die es ging, ist vom Tisch. Jetzt ist ein Nebenschauplatz eröffnet worden, auf dem es sich gut streiten lässt.

In solchen Fällen ist die sachliche Feststellung die bessere und energiesparendere Lösung. Eine kurze, nüchterne Diagnose und sofort zurück zum Thema: Das klingt dann so:

- *Der Angreifer:* »Sie sind ganz rot geworden im Gesicht! Ihnen ist das Ganze wohl sehr peinlich oder lügen Sie etwa?«

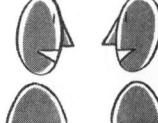

- *Die sachliche Feststellung lautet:* »Sie machen sich Gedanken über meine Gesichtsfarbe.« Das reicht.

Und im nächsten Satz sofort den eigenen Faden wieder aufnehmen: »Ich möchte noch mal den Kern meines Vorschlags erklären. Mir sind dabei drei Punkte wichtig. Erstens ...«

So geht die Verhandlung weiter, ohne dass der Angriff irgendeine Wirkung entfalten konnte. Keine Diskussion um die Gesichtsfarbe. Kein Nebenschauplatz. Keine Investitionen in Unsachlichkeiten. Falls der Angreifer mit den unsachlichen Bemerkungen nicht aufhört, hilft nur eines: hartnäckig sachlich bleiben. Nach einigen unsachlichen Bemerkungen ist es allerdings sinnvoll, den Gesprächsverlauf anzusprechen und gemeinsam die Spielregeln zu klären. Mehr darüber im Kapitel *Klartext reden* ab Seite 118.

Die sachliche Feststellung ist eine gute Ergänzung zu dem Schutzschild, den ich Ihnen zu Beginn des Buches vorgestellt habe. Solange Sie sich gut schützen, können Sie die Seltsamkeiten anderer Menschen mit unbeteiligten Augen sehen. Sie müssen dann nicht alles auf sich beziehen. Diese distanzierte Haltung wird durch die sachliche Feststellung verstärkt. Sie lassen das, was andere von sich geben, nicht mehr an sich heran. Offenheit und Verständnis sind wunderbare Qualitäten im Gespräch. Wird unser Gegenüber aber unsachlich und angriffslustig, dann ist es Zeit, die Rolläden herunterzulassen.

Gehen Sie nicht auf Unsachlichkeiten ein, bewahren Sie sich eine distanzierte Haltung.

Beleidigungen stoppen

Mit einer Beleidigung intelligent fertig zu werden, gehört zweifellos zur hohen Kunst der Selbstverteidigung. Zum einen, weil eine Beleidigung zu den härtesten verbalen Attacken gehört. Sie ist die Vernichtungswaffe der Gesprächsführung. Beleidigungen sind entwürdigend. Zum anderen aber auch, weil sich die meisten Menschen blitzschnell auf das niedrige Niveau ihres Angreifers hinunterziehen lassen und sich mit ihrem Gegner im gleichen verbalen Sumpf wälzen. Ich möchte Ihnen in diesem Kapitel zeigen, wie Sie sich auf eine intelligentere Art wehren können. Sie werden Ihren Angreifer nicht auf der gleichen Ebene treffen, sondern sich über ihn stellen. Das geht nur, wenn Sie Ihre persönliche Macht vergrößern – besser noch verdoppeln.

Ändern Sie Ihr Verhalten radikal

Was können Sie tun, wenn Sie beleidigt wurden? Zeigen Sie dem Angreifer deutlich, dass er oder sie eine Grenze überschritten hat. Bauen Sie sofort Ihren Schutzschild auf und werden Sie streng. Ändern Sie Ihr Verhalten radikal. Ändern Sie Ihre Stimmlage und Ihr Sprechtempo. Werden Sie langsamer und eindringlicher. Ihr Gegenüber wird vor allem durch Ihre Macht und Ihre persönliche Autorität in die Schranken verwiesen. Entscheidend ist das, was Sie ausstrahlen. Konfrontieren Sie den Angreifer. Die Worte dienen dazu, den anderen zu unterbrechen und sein Verhalten zu brandmarken. Nennen Sie

Verweisen Sie Ihr Gegenüber in seine Schranken.

das, was Ihr Gegner getan hat, beim Namen. Sagen Sie in einem strengen Tonfall: »Sie haben mich beleidigt.« Oder: »Mit dieser Bemerkung hast du mich beleidigt.« Lassen Sie sich auf keine Diskussion ein, ob das eine Beleidigung war oder ob Sie nur zu empfindlich sind. Die Zeit des Diskutierens ist vorbei. Um noch ein wenig mehr Schärfe hineinzubringen, stellen Sie zusätzlich noch eine passende Forderung: »Ich erwarte, dass Sie sich dafür entschuldigen.« »Ich möchte, dass du dich dafür entschuldigst.« Dabei geht es nicht darum, ob sich der Angreifer tatsächlich entschuldigt (obwohl es besser wäre, wenn er oder sie es tut). Mit der Forderung

Wenn Sie beleidigt werden, sind zweihundert Prozent persönliche Autorität gefragt.

nach einer Entschuldigung bringen Sie nur etwas Druck in die Situation hinein. Lassen Sie es für den Angreifer unangenehm werden. Egal, was der Angreifer sagt, wiederholen Sie Ihre Forderung: »Sie haben mich beleidigt (gekränkt). Ich erwarte von Ihnen eine Entschuldigung.« Ihr Gegenüber darf ruhig zappeln.

Die Konfrontation

- *Das Prinzip:* Die Beleidigung klar benennen, den Angreifer damit konfrontieren und eine Entschuldigung fordern.
- *Der Angriff:* »Schalten Sie doch zuerst Ihr Gehirn ein, bevor Sie den Mund aufmachen.«
- *Die Konfrontation:* »Mit dieser Bemerkung haben Sie mich beleidigt. Ich erwarte, dass Sie sich dafür entschuldigen.«

  »Mit den Worten ... (wiederholen Sie die kränkenden Worte) haben Sie mich beleidigt. Ich erwarte von Ihnen eine Entschuldigung.«

  »Das war eine Beleidigung. Lassen Sie solche Bemerkungen!«

  »Damit kränkst du mich sehr. Ich erwarte, dass du dich dafür entschuldigst.«

  »So möchte ich mit Ihnen nicht mehr weiterreden. Hören Sie auf, mich zu beleidigen.«
- *Tipps zur Anwendung:* Ändern Sie Ihr gesamtes Verhalten. Zeigen Sie Ihre ganze Macht und werden Sie streng. Die Antwort des Angreifers ist dabei nicht so wichtig. Hauptsache, Sie ziehen ein klare Grenze und machen deutlich, dass Sie sich so nicht mehr behandeln lassen.

Verdoppeln Sie Ihre persönliche Macht

Das Entscheidende bei dieser Selbstverteidigung ist Ihre
Stärke. Sie beeindrucken den Angreifer nicht mit den Worten, sondern mit Ihrer Macht. Sie brauchen statt der üblichen hundert Prozent jetzt zweihundert Prozent persönliche Autorität. Was immer Ihr Angreifer an Stärke zeigt,
Sie gehen darüber hinaus.

- Bauen Sie einen ultradicken Schutzschild um sich he-
  rum auf.
- Gehen Sie in eine innere Haltung, aus der heraus Sie
  Ihren Angreifer verurteilen. Schauen Sie streng und
  hart.
- Richten Sie sich auf, werden Sie größer und breiter.
  Atmen Sie tief ein und aus – nicht die Luft anhalten.
- Schauen Sie den Angreifer mit einem unbeweglichen
  Django-Gesicht an. Lassen Sie dabei Ihre Verurteilung
  aus Ihren Augen springen.
- Werden Sie wortkarg. Sprechen Sie wenig und wieder-
  holen Sie sich ruhig. Lassen Sie sich auf keine Diskussi-
  on ein.

Ich übe mit den Teilnehmer/innen ausführlich diese stren-
ge, harte Konfrontation. Vielen Menschen fällt es zu Anfang schwer, ganz bewusst in diese kraftvolle Energie zu
gehen. Einige Teilnehmer/innen können sehr kraftvoll
sein, aber erst, wenn sie vor Wut platzen. Dieses Platzen
geschieht dann unkontrolliert. Mir ist es wichtig, dass wir
diese enorme Kraft gezielt und kontrolliert einsetzen kön-

nen, ohne dabei auszuflippen. Ein praktisches Beispiel dazu:

Inge berichtete mir, dass sie bei der Arbeit einen Fehler gemacht hat. Ihr Vorgesetzter hat sie daraufhin unsachlich kritisiert und auch beleidigt. Er sprach davon, dass sie ein »Spatzenhirn« hätte. Damals konnte sie sich nicht wehren. Sie wusste nicht, wie sie sich gegenüber ihrem Vorgesetzten verteidigen sollte. Die Sache war verzwickt. Einerseits wollte sie sich die Beleidigungen nicht bieten lassen, andererseits hatte sie ganz objektiv einen Fehler gemacht. Der Fehler bewirkte, dass Inge einen Teil ihrer persönlichen Macht aufgab. Sie ging innerlich in

Selbst Ihre Fehler geben dem Angreifer nicht das Recht, Sie zu beleidigen.

eine demütige Ich-bin-schlecht- und Ich-habe-Schuld-Haltung. Für ihren Vorgesetzten wurde sie so zu einer Fußmatte, an der er seine Frustrationen abstreifen konnte. Um sich selbst zu verteidigen, brauchte Inge ihre persönliche Macht: Sie lernte, einen Fehler einzugestehen, ohne dabei klein und unterwürfig zu werden. Darüber hinaus konnte sie verlangen, dass ihr Vorgesetzter sie respektvoll behandelte, auch wenn sie etwas falsch gemacht hatte. In einem Rollenspiel übte sie, sich machtvoll gegen die Beleidigungen ihres Vorgesetzten zu wehren. Die Rolle des Vorgesetzten (Angreifer) wurde von einem Teilnehmer gespielt.

Der Angreifer: »Mit dieser Arbeit haben Sie nicht sehr geglänzt. Was haben Sie sich dabei nur gedacht? Denken Sie überhaupt noch nach? Vielleicht ist in Ihrem Spatzenhirn gar kein Platz mehr für normales Nachdenken.«

Inge: »Es stimmt, ich habe einen Fehler gemacht. Aber ich verstehe nicht – was meinen Sie mit ›Spatzengehirn‹? (Entgiftende Gegenfrage)

Angreifer: »Stellen Sie sich nicht dümmer, als Sie sind. Sie wissen genau, wovon ich rede.«

Inge setzte sich aufrecht hin und sprach in einem strengen Tonfall: »Mit solchen Bemerkungen beleidigen Sie mich.«

Angreifer: »Ach, nun werden Sie auch noch empfindlich! Erst Mist bauen und dann noch die Mimose spielen.«

Inge: »Sie beleidigen mich und ich erwarte eine Entschuldigung.«

Angreifer wurde unruhiger: »Kommen Sie mal runter von Ihrem hohen Ross. Sie haben gut reden! Ich bin derjenige, der Ihren Bockmist ausbaden muss.«

Inge sprach in einem ruhigen Tonfall: »Ich habe einen Fehler gemacht, das gebe ich zu. Aber ich muss mich deswegen nicht von Ihnen beleidigen lassen. Ich erwarte, dass Sie sich für diese Beleidigungen entschuldigen.«

Angreifer wurde nervöser: »Sind Sie übergeschnappt? Sie machen Fehler und ich soll mich entschuldigen?«

Inge weiterhin in strengem Tonfall: »Sie haben mich beleidigt und dafür erwarte ich eine Entschuldigung.«

Angreifer wird lauter: »Ich lass mir doch von Ihnen keine Vorschriften machen! Es ist doch wohl erlaubt, sich aufzuregen, wenn etwas schief läuft.«

Inge steht auf, spricht mit fester Stimme: »Sie können mich sachlich kritisieren. Aber Sie haben kein Recht, mich zu beleidigen. Das muss ich mir nicht gefallen lassen.«

Beide schweigen.

Angreifer steht auf: »Na ja ... Äh ... gut! Ich habe mich halt sehr geärgert. So, jetzt haben wir beide unsere Meinung gesagt. Jetzt können wir wieder an die Arbeit gehen.« Inge steht auf und geht.

Es gab kein Happy End – was übrigens sehr realistisch ist. Der Vorgesetzte versuchte, sein Gesicht zu wahren, und beendete irgendwie das Gespräch. Wichtig war, dass Inge aus der gedemütigten Haltung herausgekommen ist und den Beleidigungen ihres Vorgesetzten einen Riegel vorgeschoben hat. Sie ist dabei selbst nicht ausfallend oder beleidigend geworden. Um das tun zu können, musste sich Inge mit ihrer Angst vor Autoritäten auseinander setzen.

Keine Angst vor Autoritäten. Lassen Sie sich nicht klein machen.

Im Training betrachteten wir ganz nüchtern die Vor- und Nachteile dieser Konfrontation mit ihrem Vorgesetzten. Was riskierte Inge damit? Welche Nachteile hatte sie zu befürchten, wenn sie sich auf diese Weise wehrte? Was riskierte Inge, wenn sie sich *nicht* wehrte und die Beleidigungen einfach hinnahm? Die Angst vor Autoritäten hält uns meistens in der Position eines schwachen Kleinkindes fest. Unbewusst fühlen wir uns den Großen und Mächtigen schutzlos ausgeliefert. Die können alles mit uns machen und wir kriegen nur Prügel, wenn wir uns wehren.

Erst eine kühle, bewusste Analyse der Wirklichkeit am Arbeitsplatz kann uns daraus befreien. Wir sind nicht klein und schon gar nicht schwach. Die Autoritätspersonen, mit denen wir es zu tun haben, sind ihrerseits unter Druck und haben auch Autoritäten über sich. Kein Fehler, keine Panne, keine noch so zulässige Kritik rechtfertigt es, die Mitarbeiter/innen zu beleidigen. Mit dem Arbeitsvertrag haben wir lediglich unsere Arbeitskraft verkauft, nicht unsere Würde. Nach meinen Erfahrungen greifen nur schwache Führungskräfte zu Beleidigungen. Schwach bedeutet, dass ihnen die nötige zwischenmenschliche Intelligenz fehlt. Sie mögen hervorragende Experten auf einem Sachgebiet sein, aber im Umgang mit Menschen und Gefühlen sind sie Analphabeten. Sind diese schwachen Führungskräfte dann noch von Duckmäusern und Jasagern umgeben, bekommen sie keine klare Rückmeldung darüber, wann sie zu weit gegangen sind. Der entwürdigende Umgangston wird dann langsam immer alltäglicher. Bei den Beschäftigten steigt das Ärger-Barometer an, die Arbeitsmoral sinkt. Dann spricht die Führungskraft ein klares Machtwort in dem allseits bekannten Tonfall. Die Abwärtsspirale dreht sich weiter.

Unverschämte Angreifer brauchen ein klares Stopp

Unsere Mitmenschen lernen von uns, was sie sich erlauben können und wo unsere Grenzen sind. Stoppen wir Beleidigungen nicht sofort, dann kann das für den Angreifer ein Signal sein, dass sein Verhalten noch ganz in Ordnung ist. Er fühlt sich ermutigt, noch öfter mit Dreck zu werfen. Deshalb gilt: Bei Beleidigungen ist Schluss. Auf der Ebene sind wir nicht mehr gesprächsbereit. Es geht nicht darum, den Angreifer umzuerziehen oder zu therapieren. Mit der Konfrontation zeigen Sie dem anderen, dass Sie für solche verbalen Angriffe nicht zur Verfügung stehen.

Versuchen Sie nicht, Ihren Angreifer umzuerziehen.

Sie ziehen eine unmissverständliche Grenze. Das tun Sie nur für sich selbst. Bleiben Sie dabei konsequent. Manche Angreifer sind wie kleine Kinder, die versuchen, sich durchzuschmuggeln und die Grenze zu umgehen. Hier gilt: keine Diskussionen. Bei Beleidigungen ist der Ofen aus. Nur mit dieser Beharrlichkeit können Sie weiteren Angriffen einen Riegel vorschieben.

Ziehen Sie den Stecker raus

Es gibt nur ganz wenige Situationen, in denen es sinnvoll ist, eine Beleidigung zu ignorieren. Zum Beispiel, wenn Ihr Angreifer offensichtlich geistig gestört oder stark betrunken ist. Ihr Gegenüber muss ein einigermaßen funktionstüchtiges Gehirn haben, damit die Konfrontation überhaupt bei ihm ankommt. Ähnliches gilt bei Leuten, die zu cholerischen Anfällen neigen und vor Wut außer sich geraten. Solche Menschen sind während eines Wutanfalls

kaum mit Worten erreichbar. Hier ist es besser, zu warten
(und sich möglicherweise in Sicherheit zu bringen), bis der
Anfall vorbei ist. Sie brauchen für
Warten Sie Wutanfälle   solches Ausrasten kein Verständnis
Ihres Gegenübers ab.   zu haben, besonders wenn Sie dabei
angegriffen und beleidigt werden.
Falls Sie häufiger Opfer solcher Wutanfälle sind, entscheiden Sie grundsätzlich, was *für Sie* das Beste und Sicherste
ist. Das gilt auch, wenn der Angreifer betrunken ist oder
andere Drogen genommen hat. Ziehen Sie den Stecker
raus. Brechen Sie das Gespräch ab. Verlassen Sie den
Raum. Wenn Leute nicht klar im Kopf sind, kann keine
sinnvolle Kommunikation stattfinden.

So verarbeiten Sie den Schock

Manchmal kann eine Beleidigung uns so hart treffen, dass
wir geschockt sind. Es ist tatsächlich ein Schock, wie nach
einem körperlichen Angriff. Erstes Erkennungszeichen für
den Schockzustand ist die Konfusion. Wir sind durcheinander, verwirrt und verlieren den Faden. Machen Sie sich
deswegen keine Vorwürfe. Wenn Sie nach der Attacke
noch reden können, in Ordnung, tun Sie es. Bringen Sie
die Sache über die Bühne. Falls Sie nicht mehr weiterwis-
sen, bleiben Sie einfach stumm. Setzen Sie sich nicht unter
Druck, irgendetwas sagen zu müssen. Es reicht, dass Ihr
Gegenüber Sie quält. Quälen Sie sich nicht auch noch.
Sorgen Sie dafür, dass Sie wieder zur Besinnung kommen.

Verlassen Sie den Raum, gehen Sie weg von dem Angreifer. Niemand kann Sie zwingen, dort zu bleiben, wo Sie schlecht behandelt wurden. Atmen Sie tief und ruhen Sie sich aus, bis es Ihnen besser geht.

Wenn alles vorbei ist, neigen wir dazu, immer wieder in Gedanken um die Beleidigung zu kreisen. Vor unserem inneren Auge läuft der Gruselfilm meist mehrmals ab. Bei jeder Wiederholung werden wir aufs Neue verletzt. Wieder und wieder regen wir uns auf, geraten unter Stress und fühlen uns miserabel. Mit kreisenden Gedanken versucht die Seele, eine Lösung zu finden.

Steigen Sie aus dem Gedankenkarussell aus.

Wenn Sie immer nur grübeln, ohne dass sich etwas ändert, dann steigen Sie aus dem Gedankenkarussell aus:

- Sprechen Sie über das Erlebnis mit einem anderen Menschen. Erzählen Sie nicht nur den Tatbestand, reden Sie auch über Ihre Gefühle. Starke Eindrücke brauchen einen Ausdruck. Damit entlasten Sie sich auch davon, den Schmerz allein tragen zu müssen.

- Notieren Sie haarklein, was passiert ist und wie Sie sich dabei gefühlt haben. Schreiben Sie Ihre Wut auf, bringen Sie alle Gedanken zu Papier. Das entlastet Ihren Kopf. Was Sie schriftlich haben, müssen Sie nicht immer wieder in Gedanken durchspielen.

- Gönnen Sie sich den Schmerz. Bleiben Sie innerlich bei dem, was Ihnen wehtut. Genau dieser Schmerz treibt die kreisenden Gedanken an. Erlauben Sie sich verletz-

lich, empfindsam, traurig oder auch verzweifelt zu sein.
Dann kann die seelische Wunde heilen.

- Bewegen Sie sich. Tun Sie etwas, um ins Schwitzen zu kommen: tanzen, joggen, Treppen steigen. Das hilft, den Stress aus dem Körper zu treiben.

- Denken Sie über Konsequenzen nach. Gibt es etwas, das Sie grundsätzlich ändern müssen, um nicht wieder beleidigt zu werden? Was wäre das? Wie können Sie künftig vorbeugen? Schmieden Sie verschiedene Zukunftspläne.

Ein gutes Leben ist die beste Rache

Zuletzt noch ein paar Worte zum Thema Rache. Da Beleidigungen ebenso schmerzhaft sein können wie körperliche Angriffe, kann der (un)heimliche Wunsch entstehen, sich am Angreifer zu rächen. Rache ist das Verlangen der Seele nach einem Ausgleich. Was immer Sie für Rachegelüste hegen, tun Sie nichts, was Ihnen selbst schaden könnte. Ich habe mit Menschen gesprochen, die mit ihren Rachegedanken nicht fertig geworden sind und sich tatsächlich am Angreifer gerächt haben.

Üben Sie keine Vergeltung, das bindet Sie nur an den Angreifer.

Den meisten war das später entsetzlich peinlich. Manche sind dadurch selbst in Schwierigkeiten geraten, einige bekamen sogar eine Strafanzeige mit anschließender Verurteilung. Ich kann Ihnen nur davon abraten. Wenn Sie sich rächen, binden Sie Ihre Kräfte an den Angreifer. Und das ist so ziemlich die letzte Person, der Sie Ihre Energie schenken sollten. Sie brauchen Ihre Wut für sich selbst. Ihr Zorn ist die Energie, mit der Sie sich aus entwürdigenden Beziehungen befreien können. Wie alle Gefühle braucht auch die Wut eine konstruktive Richtung, damit Sie diese Kraft Gewinn bringend für sich einsetzen können. Krempeln Sie die Ärmel hoch und verändern Sie Ihren Alltag so, dass er für Sie angenehmer wird. Setzen Sie Ihr Wohlbefinden (und nicht den Angreifer) an die erste Stelle.

Klartext reden

Auf eine blöde Bemerkung Kontra zu geben kann reine Zeitverschwendung sein. Besonders, wenn es für Sie um etwas Wichtiges geht. Sie wollen gemeinsam ein Haus bauen, eine Firma gründen, ein Kind bekommen oder die Welt retten. Und Ihr Gesprächspartner hat nichts Besseres zu tun als zu sticheln und zu piesacken. Was soll das? Warum wird Ihr Gegenüber unsachlich? Das sind genau die richtigen Fragen. Verzichten Sie auf die raffinierten Selbstverteidigungsantworten. Kein lakonisches »Ach was«. Verkneifen Sie sich das verwirrende Sprichwort. Reden Sie Klartext mit dem anderen. Wechseln Sie sofort die Gesprächsebene. Statt Spruch gegen Spruch zu setzen, sagen Sie einfach, was gerade passiert. Kommentieren Sie, wie Ihr Gegenüber mit Ihnen umgeht. Zum Beispiel so: Der Gesprächspartner sagt mitten in einer wichtigen Verhandlung: »Na, wenn Sie mir mit solchen Vorschlägen kommen, muss ich doch sehr an Ihrer Intelligenz zweifeln.« Ein netter kleiner Angriff. Sie können jetzt unter verschiedenen Selbstverteidigungstechniken wählen: zum Beispiel den Angriff ignorieren und einfach weiter über den eigenen Vorschlag reden. Damit lassen Sie den Angreifer ins Leere laufen. Oder Sie kontern mit einer sachlichen Feststellung: »Ihnen gefällt mein Vorschlag nicht. Warum?« Befürchten Sie aber, dass sich dieser unsachliche Gesprächsstil ausbreitet und Ihr Gegenüber noch ein paar Angriffe nachlegt, dann reden Sie sofort Klartext. Antworten Sie nicht direkt auf den Angriff, sondern kommentieren Sie das Verhalten Ihres Gegenübers. Etwa so: »Sie greifen mich jetzt persönlich an.«

Oder: »Das, was Sie eben sagten, ist unsachlich.« Jetzt ist Ihr Gesprächspartner dran. Wie reagiert er oder sie darauf? Möglicherweise ver-

Immer wenn die Sache zu wichtig ist – runter von der Spruchebene.

sucht er oder sie das Gesicht zu wahren und sich herauszureden: »Sie müssen doch zugeben, dass Ihr Vorschlag nicht durchdacht ist ...« Lassen Sie Ihrem Gegenüber diesen Ausweg. Sie wollen ihn nicht kleinkriegen, sondern nur sachlich weiterreden. Sie haben kurz das Stoppschild hochgehalten, das reicht. Verwickeln Sie sich nicht in Diskussionen darüber, ob der Angriff eine Unsachlichkeit war oder nicht. Kommen Sie zurück zum eigentlichen Thema.

Den Angreifer durchschauen

Manche Menschen neigen generell zu einer leicht bissigen Gesprächsführung, vor allem, wenn sie keine guten Sachargumente mehr haben. Sie unterbrechen ständig, werden lauter und versuchen mit kleinen, giftigen Anmerkungen das Klima aufzuheizen. Wer darauf mit einem gepfefferten Gegenspruch kontert, gerät leicht ins Abseits. Denn der eben noch unsachliche Angreifer verwandelt sich jetzt in einen Moralapostel. Er prangert nun plötzlich die Unsachlichkeit desjenigen an, der mitgezogen hat. Erst provoziert er, dann schiebt er dem anderen den schwarzen

Peter zu. Anschließend streiten sich beide darum, wer angefangen hat. Die Verhandlung droht zu scheitern. Damit hat der Angreifer erfolgreich überspielt, dass ihm gute Sachargumente fehlen. Statt unterzugehen, können Sie das Verhalten des Gegners direkt zum Thema machen: »Bitte lassen Sie uns sachlich bleiben. Was genau gefällt Ihnen an meinem Vorschlag nicht?« Oder: »Mit solchen Bemerkungen kommen wir nicht weiter. Bitte lassen Sie uns bei der Sache bleiben.« Damit lenken Sie das Gespräch zurück auf die Sachebene

Lenken Sie das Gespräch zurück auf die Sachebene.

Was aber, wenn Ihr Gegenüber überhaupt nicht daran denkt, sein Verhalten zu ändern, sondern weiterhin unsachlich bleibt? Überlegen Sie zuerst kurz, ob Ihr Gesprächspartner überhaupt mir Ihnen reden will. Ständige Sabotage kann ein Zeichen dafür sein, dass der andere das Gespräch bereits abgebrochen hat und jetzt zum Zeitvertreib noch ein bisschen »Katz und Maus« spielt. Spekulieren Sie darüber nicht allzu lange. Fragen Sie direkt nach. Will Ihr Gesprächspartner mit Ihnen reden oder nicht? Wenn ja, wird es Zeit, dass Sie das Gespräch noch massiver lenken. Geben Sie eine kurze Grundsatzerklärung ab. Etwa so: »Mir liegt viel daran, dass wir zu einem Ergebnis kommen. Sie greifen mich immer wieder persönlich an. Damit erschweren Sie uns beiden das Gespräch. Meine dringende Bitte: Lassen Sie uns sachlich darüber reden.« Sprechen Sie mit aller Macht. Mehr als Ihre Worte wirkt Ihre entschlossene Ausstrahlung.

Viele dunkle Machenschaften in der Kommunikation lösen sich in Luft auf, wenn sie ans Licht gezerrt und deutlich benannt werden. Gefahr benannt – Gefahr gebannt. Voraussetzung dafür ist, dass wir erkennen, was in dem Gespräch gerade abläuft, und dann entscheiden, ob uns das passt. Unterbrechen Sie den Gesprächsverlauf, wenn der andere seltsam wird. Machen Sie das Gespräch zum Gesprächsthema.

Klartext sprechen

- *Das Prinzip:* Sprechen Sie kurz und präzise das an, was Sie verletzt oder ärgert.
- *Der Angriff:* »Wahrscheinlich übersteigt das Ihre Auffassungsgabe.«
- *Klartext:* »Mit dieser Bemerkung greifen Sie mich persönlich an.«
  »Das, was Sie eben sagten, klingt für mich wie ein Angriff.«
  »Sie sagten ... (wiederholen Sie die herabsetzende Bemerkung). Damit kränken Sie mich.«
  »Das, was du sagst, verletzt mich.«
  »Deine Bemerkung ... (wiederholen Sie die Bemerkung) ist eine Stichelei.«
  »Mit solchen Bemerkungen schaffen Sie eine unnötige Kampfstimmung.«
- *Tipps zur Anwendung:* Keine Sprüche und Sticheleien, wenn es um etwas Wichtiges geht. Wenn es Ihnen zu

dumm wird, steigen Sie aus dem normalen Gesprächsfluss aus. Benennen Sie das, was Ihr Gegenüber gerade
tut.

Prüfen Sie, wie Ihr Gegenüber auf diesen Kommentar
reagiert. Bemüht er oder sie sich jetzt um Sachlichkeit?
Wenn ja, dann war's das. Manchmal ist es sinnvoll, ein
wenig nachzulegen und mit dem anderen über die »Spielregeln« des Umgangs zu reden. Sagen Sie klipp und klar,
wie Sie sich das Gespräch vorstellen.

Spielregeln klären

- *Das Prinzip:* Sie schlagen Ihrem Gegenüber
  bessere Umgangsformen vor.
- *Der Angriff:* »Wenn du so denkst, dann tust
  du mir wirklich leid.«
- *Spielregeln klären:* »Ich möchte mit dir diesen
Punkt in Ruhe besprechen. Hör bitte mit den Sticheleien
auf.«
»Bitte lassen Sie uns sachlich bleiben.«
»Ich möchte mit dir diesen Punkt in Ruhe besprechen.
Hör bitte mit den Sticheleien auf.«
»Lassen Sie uns nicht auf dieser Ebene weiterreden. Ich
schlage vor, wir ...«
»Ich würde das Thema gern kurz und bündig, ohne
Angriffe besprechen. Können wir uns darauf einigen?«
»Sie haben mich schon zum zweiten Mal unterbrochen.
Ich schlage vor, wir lassen einander ausreden.«

- *Tipps zur Anwendung:* Wenn Angriffe die Kommunikation sabotieren, dann lenken Sie das Gespräch in eine konstruktive Richtung. Das ist besonders wichtig, wenn Sie langfristig mit jemandem gut auskommen wollen.

Dumme Bemerkungen sind wie Sand im Getriebe. Statt noch mehr Sand hineinzustreuen, ist es besser zu fragen, wie der dort hineingeraten ist. Das gilt besonders im Umgang mit Menschen, die uns am Herzen liegen. Ständige Sticheleien sind ein Zeichen dafür, dass in der Beziehung der Wurm drin ist. Und von Zeit zu Zeit brauchen selbst die besten Beziehungen ein Entwurmungsmittel.

Konflikte klären

Mit giftigen Bemerkungen drücken Menschen indirekt aus, dass ihnen etwas nicht passt. Da wird dann hintenherum gestichelt, im Vorbeigehen fällt ein ironischer Spruch, so ganz nebenbei wird leise gelästert. Diese unterschwelligen Attacken zeigen: Hier stimmt etwas nicht. Es wird Zeit für eine direkte Aussprache. Das Problem gehört auf den Tisch. Aber offene Aussprachen verlangen eine gewisse Courage – den Mut, sich dem zu stellen, was schon länger im Verborgenen schmort. Niemand weiß genau, wie die Sache ausgeht, und schließlich könnte auch etwas Unangenehmes, Schmerzliches dabei herauskommen. So wird erst mal vieles unter den Teppich gekehrt. Die kleinen Anmachen und dummen Bemerkungen am Rande zeigen, dass sich unter dem Teppich einiges angesammelt hat. Die Stimmung ist gespannt, es herrscht dicke Luft.

Viele Menschen halten es sehr lange in dieser dicken Luft aus, weil sie sich vor einer offenen Aussprache fürchten. Sie verbinden mit einem Klärungsgespräch eine Standpauke, die sie aus der Kindheit kennen. Damals haben sich die Eltern oder Lehrer das Kind › vorgeknöpft‹. Oft wurde geschimpft, ein Machtwort gesprochen, es folgte eine Strafe. Solche Erinnerungen

Unterschwellige Attacken zeigen, dass es Zeit ist für eine offene Aussprache.

werden unbewusst mit dem Klärungsgespräch verknüpft. Hier soll jemand fertig gemacht und bestraft werden. Ähnlich wie in einem Gerichtsverfahren wird nun die Schuld verteilt. Doch davon ist ein gutes Klärungsgespräch Lichtjahre entfernt. Niemand wird fertig gemacht. Niemand wird bestraft. Der Name Klärungsgespräch sagt schon, worum es wirklich geht: um Klarheit. Es geht nicht einmal so sehr um eine Lösung oder um den Frieden, obwohl es schön wäre, wenn das dabei herauskommt. Ein Klärungsgespräch hat nur das Ziel, das offen aufzudecken, was bisher unter den Teppich gekehrt wurde. Wie trübes, aufgewühltes Wasser in einem See, das sich klärt, damit wir durchblicken können. Erst dann erkennen wir, was wirklich auf dem Grund liegt. Ohne diesen Durchblick gibt es keine passenden Lösungen. Aber wie lässt sich so ein Klärungsgespräch führen, wenn dicke Luft herrscht und jeder innerlich hochgerüstet dasitzt? Hier sind eine paar einfache Tipps, die Ihnen dabei helfen können:

Kommen Sie mit sich selbst ins Reine
Bevor Sie mit Ihrem Gegenüber Klartext reden, besinnen Sie sich. Wenn die schlechte
Stimmung zunimmt, fixieren wir uns meis-
tens ganz auf den anderen. Wir verlieren uns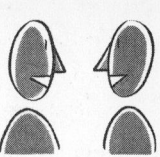
selbst aus den Augen. Wir achten nicht mehr so genau
darauf, was in uns vor sich geht. Klären Sie erst einmal
Ihre innere Befindlichkeit. Seien Sie ehrlich zu sich selbst.
Was ist los mit Ihnen? Was hat Sie geärgert, gestört, verletzt? Wie haben Sie bisher versucht, sich durchzusetzen
oder Ihr Gesicht zu wahren? Gibt es etwas, das Ihnen
ehrlich Leid tut? Sind Sie bereit, das dem anderen zu
sagen? Was wünschen Sie sich von Ihrem Gegenüber? Was
streben Sie an? Wie soll es weitergehen?

Wählen Sie einen günstigen Zeitpunkt und Ort
Solange Sie selbst oder Ihr Gegenüber noch vor Wut ko-
chen, geht das Gespräch mit Sicherheit daneben. Also erst
abkühlen, dann reden. Aber warten Sie nicht zu lange.
Suchen Sie sich für solche Gespräche den passenden Ort
und die richtige Zeit aus. Sensible Gespräche sollten nicht
zwischen Tür und Angel stattfinden. Führen Sie solche
Gespräche mit den Beteiligten – ohne Zuschauer. Es sei
denn, Sie verabreden miteinander, dass eine neutrale Person als Moderator/in oder Klärungshelfer/in dazu-
kommt.

Bleiben Sie so konkret wie nur möglich
Verallgemeinerungen hören sich wie ein Angriff an. Ver-
meiden Sie Worte wie »immer«, »andauernd«, »nie«. Zum

Beispiel: »Du piesackst mich immer.« Oder: »Sie hören mir nie zu.« Bleiben Sie so präzise wie möglich. Wenn Sie etwas verletzt hat, dann schildern Sie genau, was passiert ist.

Wenden Sie keine Kampfmittel an
Selbst wenn ihr Gesprächspartner ungeduldig, blockiert oder abweisend reagiert, bleiben Sie ruhig und sachlich. Ein Klärungsgespräch zu führen heißt, auf Waffen zu verzichten. Sie können von Ihrem Gegenüber nicht erwarten, dass er oder sie sofort abrüstet. Besonders, wenn der unterschwellige Streit schon länger andauert. Schließlich könnte Ihre Absicht, die Sache zu klären, nur ein Trick sein. Rechnen Sie mit Misstrauen und Widerstand. Rüsten Sie deutlich ab. Geben Sie eigene Fehler unumwunden zu. Auch wenn Ihr Gegenüber zunächst nicht darauf einsteigt, bleiben Sie beharrlich defensiv.

Eine Hinrichtung findet nicht statt. Keine Schuldzuweisung und keine Verurteilung
Die größte Zeitverschwendung ist das Zanken darum, wer die Schuld hat. Das bringt nichts. Jeder sieht den Konflikt durch die eigene Brille. Jeder will möglichst gut dastehen und dem anderen den schwarzen Peter unterschieben. Meine düstere Vorhersage sieht so aus: Sie werden nie klarstellen, was wirklich passiert ist und wer angefangen hat. Konzentrieren Sie sich deshalb auf die Zukunft, statt über den Schnee von gestern zu streiten.

Sorgen Sie dafür, dass es wirklich gerecht zugeht

In einem Klärungsgespräch haben beide Seiten Angst davor, untergebuttert zu werden. Wenn Ihr Gesprächspartner merkt, dass Sie versuchen, die Oberhand zu gewinnen, wird er nicht mehr mitspielen und auf Kampf umschwenken. Sorgen Sie für Gerechtigkeit. Geben Sie Ihrem Gesprächspartner die gleiche Redezeit, die Sie in Anspruch nehmen. Unterbrechen Sie ihn oder sie nicht. Sonst landen Sie in einer Redeschlacht, bei der niemand mehr zuhört. Falls Sie unterbrochen werden, sagen Sie sofort, dass Sie ausreden wollen.

Es geht um die Qualität der Worte, nicht um die Menge

Bei einem Klärungsgespräch kommt es nicht darauf an, möglichst viele wohlklingende Worte zu machen. Mit vielen Worten lässt sich auch viel vernebeln. Es kommt darauf an, das Richtige zu sagen. Dafür können schon zwei, drei Sätze genügen. Beruhen diese Sätze auf einer inneren Klarheit, bringt das mehr als stundenlanges Geschwafel.

Versuchen Sie keine Lösung zu erzwingen

Oft lassen sich Konflikte und Streitereien nicht restlos auflösen oder bereinigen. Manchmal kann es keine Einigung geben, weil die Interessen oder die Persönlichkeiten zu verschieden sind. Versuchen Sie nicht um jeden Preis etwas zusammenzubringen, was nicht zusammenpasst. Eine Klärung kann auch bedeuten, dass Sie und Ihr Gegenüber deutlich erkennen, wo sie sich *nicht* einigen können. Am Ende stehen Sie vor der Frage: Wie leben oder arbeiten wir beide mit diesen Unterschiedlichkeiten?

Statt dummer Sprüche direkte Aussagen

Jede dumme Bemerkung kann eine verschlüsselte, indirekte Botschaft sein, mit der uns unser Gegenüber etwas mitteilen will. Das Problem ist nur, dass wir normalerweise nicht sehr geschickt sind in der Übersetzung solcher indirekter Botschaften. Wenn jemand uns dumm kommt, verstehen wir häufig nur das: Der andere will uns angreifen. Wir kommen meistens nicht auf die Idee, dass dahinter eine verunglückte Bitte stecken könnte. Dazu eine kleine Begebenheit aus einem Seminar. Ich stellte den Overhead-Projektor (Tageslichtprojektor) an, um einige vorbereitete Folien zu zeigen. Einer der Teilnehmer sagte daraufhin in ironisch-übertriebenem Tonfall: »Oh, das haben Sie aber ganz prima hinbekommen! Ich habe eine tolle Aussicht auf das, was Sie da zeigen.« Die Leinwand stand so ungünstig, dass er von seinem Platz aus nichts sehen konnte. Er benutzte eine kleine ironische Bemerkung, um mich darauf aufmerksam zu machen, statt direkt zu sagen: »Ich sehe nichts. Können Sie die Leinwand anders hinstellen?« In diesem Fall war das kein Problem. Ich verstand, was er wollte. Aber im normalen Alltag sind solche verschlüsselten Botschaften oft ein Stolperstein. Werden die eigenen Wünsche mit einem solchen Stich mitgeteilt, entstehen unnötige Schmerzen bei dem, der davon getroffen wird. Wer so gepikst wurde, hat wenig Lust, sich mit dem zu beschäftigen, was der andere *wirklich* will. Und die Lust, den Wunsch dann auch noch zu erfüllen, sinkt gegen Null. So grässlich verpackte Bitten motivieren andere nicht, sondern blockieren die Zusammenarbeit. Deshalb gehört es unbedingt zur hohen Kunst der Selbstverteidigung, Sticheleien zu beenden und durch direkte Botschaften zu ersetzen.

Mit den Kontra-Antworten aus diesem Buch können Sie verbale Angriffe abfangen. Es hängt von Ihnen ab, wie es dann weitergeht. Immer wenn Ihnen etwas an dem Kontakt zu Ihrem Gegenüber liegt, ist es sinnvoll, sofort die Spruchebene zu verlassen und eine direkte, klare Aussage zu machen. Dort, wo Sie leben und arbeiten, können Sie auch den Umgangston prägen. Dabei nützen Appelle wie »Jetzt wollen wir alle nett zueinander sein« wenig. Was wirklich zählt, ist die Art, mit der Sie Tag für Tag auftreten und reden.

Sagen Sie's direkt, der Wink mit dem Zaunpfahl wird oft nicht verstanden.

Schlagfertigkeit trainieren

Das Besondere des Kampfes im Sinne von Aikido ist das Überraschende, das Unwiderrufliche und dynamisch Lebendige. Das heißt, ein solcher Kampf ist ohne Rhythmus, oder besser, er nimmt alle Rhythmen des Kampfes an. Er wechselt spontan Bewegung und Geschwindigkeit; er zwingt uns zu immer neuen Improvisationen.

André Protin

Aus dem Vollen schöpfen

Angreifer und Opfer tanzen einen ganz besonderen Tanz miteinander. Diesen Tanz können wir jederzeit verändern. Wir können langsamer werden, Purzelbäume schlagen, ganz auf Abstand gehen oder die Tanzfläche verlassen. Wir haben mehr Möglichkeiten, auf einen Angriff zu reagieren, als wir uns vorstellen können. Entscheidend ist, dass wir uns nicht so verhalten, wie der Angreifer es erwartet. Vor allem, dass wir nicht in die übliche, negative Stimmung verfallen: »Der hat mich dumm angemacht. Jetzt kann der aber was erleben!«, sondern mit Distanz und

Gelassenheit die Sache betrachten: »Der (oder die) hat mich dumm angemacht, was für eine großartige Möglichkeit, etwas Neues auszuprobieren!« Neugier ist der beste Zustand, in den Sie innerlich gehen können. Entdecken Sie neue, interessante Möglichkeiten, mit seltsamen Zeitgenossen fertig zu werden. Die Welt ist dazu da, dass Sie experimentieren können. Was passiert, wenn Sie bei der nächsten dummen Bemerkung einen lauten und scheußlichen Hustenanfall bekommen? Was würde passieren, wenn Sie bei der nächsten Stichelei alles stehen und liegen lassen und dem anderen deutlich zeigen, wie sehr Sie das kränkt? Wie wäre es, wenn Sie den nächsten Angreifer um noch mehr blöde Sprüche bitten, weil Sie die sammeln? Konzentrieren Sie sich nicht darauf, wie Ihr Angreifer das beurteilen würde. Es geht nur um Sie, um das, was Sie gerne ausprobieren möchten, um Erfahrungen aus erster Hand. Es gibt nichts anderes als Erfahrungen. Sie können nicht verlieren, solange Sie sich selbst nicht als Verlierer/in abstempeln. Gewinnen und Verlieren sind sowieso nur Etiketten, die wir auf unsere Erlebnisse kleben.

Jeder Angriff ist eine großartige Gelegenheit, etwas Neues auszuprobieren.

Es gibt keine Niederlagen – nur Erfahrungen

Wenn Sie nach einem Angriff stumm bleiben, haben Sie nicht verloren, sondern womöglich das Beste für sich und

Ihre Nerven getan. Wenn Sie mit einem unpassenden Sprichwort kontern, dann haben Sie etwas Neues ausprobiert. Entscheiden Sie sich frei nach Ihrem Wohlbefinden. Und machen Sie sich nicht abhängig von Ego-Kämpfen, Dominanz-Ritualen oder sonstigen Absurditäten. Der einzige Gewinn, um den es geht, ist Ihre Gelassenheit und Ihre volle Souveränität.

Gehen Sie auch so mit den Kontra-Antworten aus diesem Buch um. Es sind nur Anregungen. Kleine Gedächtnisstützen, die daran erinnern, dass Sie Ihrem Angreifer nicht ausgeliefert sind, sondern in Wirklichkeit jede Situation mitgestalten. Sie haben die Macht, das Ruder herumzureißen, wenn ein Gespräch schief läuft. Das gilt auch für das folgende Training Ihrer Schlagfertigkeit. Es hat nur zum Ziel, Sie anzuregen, damit Sie Ihre eigenen passenden Kontra-Antworten entwickeln.

Sie haben die Macht, das Ruder herumzureißen.

Elf Antworten auf einen Angriff

Mit dem nachfolgenden Training der Schlagfertigkeit können Sie die Selbstverteidigungsstrategien aus diesem Buch einüben. Aus jeder Selbstverteidigungsstrategie suchen Sie sich die Antwort heraus, die für Sie am besten passt. Suchen Sie nicht nach der *einen, richtigen* Superantwort. Entwickeln Sie viele verschiedene Kontra-Antworten, damit Sie aus dem Vollen schöpfen können. Dabei soll Ihre

Retourkutsche den Angreifer nicht beeindrucken. Viel wichtiger ist, dass Sie sich wohl fühlen, mühelos die Situation steuern können und dabei Spaß haben.

Wenn Sie aus jeder vorgestellten Selbstverteidigungsstrategie eine Erwiderung heraussuchen, haben Sie am Ende bis zu elf verschiedene Kontra-Antworten für einen Angriff. Das kann dann so aussehen:

Nehmen wir an, der Angriff lautete: *»Um ganz ehrlich zu sein, auf mich wirken Sie wie ein Berufsanfänger, der noch grün hinter den Ohren ist.«*

Hier eine Auswahl von Kontra-Antworten:

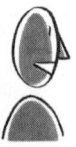

- *Stumme Geste:* Notizblock nehmen und die Bemerkung wortlos notieren.
- *Die Umleitung:* »Mir fällt dazu spontan das Thema › Altersvorsorge‹ ein. Die Frage, wie sichere ich meine Rente, wird ja überall diskutiert. Und zwar meine ich, wir sollten in Zukunft ...«
- *Zweisilbiger Kommentar:* »Ach was?«
- *Das unpassende Sprichwort:* »Na ja, lieber Glück im Unglück als Pech in der Strähne.«
- *Die entgiftende Gegenfrage:* »Was meinen Sie mit › grün hinter den Ohren‹?«
- *Nachgeben und zustimmen:* »Wenn es Ihnen dadurch besser geht, stimme ich Ihnen gerne zu.«
- *Nachgeben mit Beharrlichkeit:* »Ich wäre an Ihrer Stelle wahrscheinlich auch skeptisch. Und es geht darum, dass ... (Das eigene Anliegen genauer erklären.).«
- *Das Kompliment:* »Ich mag die Art, wie Sie die Worte aneinander reihen.«

- *Die sachliche Feststellung:* »Ihnen gefällt das nicht, was ich gesagt habe.«
- *Die Konfrontation:* »Diese Bemerkung hat mich gekränkt. So möchte ich mit Ihnen nicht mehr weiterreden.«
- *Klartext sprechen:* »Mit solchen Bemerkungen schaffen Sie eine unnötige Kampfstimmung.«
- *Spielregeln klären:* »Bitte lassen Sie uns sachlich bleiben.«

Es gibt Angriffe, bei denen lassen sich nicht alle elf Selbstverteidigungsstrategien anwenden. In so einem Fall können Sie Folgendes ausprobieren:

- Nehmen Sie die Kontra-Antwort, die scheinbar nicht passt, und befreien Sie sie von meinen Worten. Drücken Sie sich mit Ihren eigenen Worten aus. Zum Beispiel steht bei der Kontra-Strategie ›das Kompliment‹ als Antwort: »Ich mag die Art, wie Sie die Worte aneinander reihen.« Möglicherweise würden Sie so etwas nie sagen. Wie drücken Sie sich aus? Etwa so: »Klasse, wie flüssig Sie reden können!« Oder: »Ich verneige mich vor Ihrem exzellenten Sprachgebrauch.« Verändern Sie die jeweiligen Kontra-Antworten so, dass Sie zu *Ihnen* passen.
- Mischen Sie zwei bis drei Kontra-Antworten untereinander. Wie wäre es, wenn Sie den zweisilbigen Kommentar mit dem unpassenden Sprichwort kombinieren? Nehmen wir noch mal den Angriff »Um ganz ehrlich zu sein, auf mich wirken Sie wie ein Berufsanfänger, der noch grün hinter den Ohren ist.« Hier die Kombi-Antwort: »Sag bloß? Und ich dachte immer, lieber Schweißperlen als gar keinen Schmuck.«

- Erfinden Sie ganz neue Kontra-Strategien. Vielleicht haben Sie es mit ganz anderen Angriffen zu tun oder mit gefährlichen Gegnern. Entwickeln Sie für sich neue und andere Selbstverteidigungsformen. Sie können dafür die hier beschriebenen Selbstverteidigungsstrategien als Ausgangsmaterial nehmen und umformen.

Ich habe mit nachfolgendem Schlagfertigkeitstraining in meinen Seminaren eine überraschende Erfahrung gemacht. Teilnehmer/innen, die damit viel übten, entwickelten ihre eigenen kreativen Kontra-Antworten. Sie erfanden neue, witzige Reaktionen auf Angriffe, mit denen sie es häufig zu tun hatten. Sie veränderten die hier beschriebenen Kontra-Antworten so weit, dass ich sie kaum noch wiedererkannt habe. Das hat mir sehr gefallen. Das Schlagfertigkeitstraining hat bei ihnen eine innere, kreative Tür aufgestoßen.

Wenn nichts mehr geht, hilft nur noch Kreativität.

Das Trainingsprogramm

uf den nachfolgenden Übungsseiten können Sie Ihre Schlagfertigkeit trainieren. Auf jeder Seite steht eine Selbstverteidigungsstrategie. Nehmen Sie einen Angriff und schreiben Sie diesen einen Angriff immer wieder oben auf die Seite. Unten notieren Sie die Antwort, die Sie aus der jeweiligen Selbstverteidigungsstrategie entwickelt haben. So erhalten Sie bis zu elf Kontra-Antworten für einen Angriff. Dazu möchte ich Ihnen noch einen Hinweis geben: Wenn Sie einen Angriff nehmen, mit dem Sie selbst attackiert wurden, dann vergessen Sie zunächst die gesamte Situation. Oft sind Menschen blockiert, wenn sie an die Situation oder an den Angreifer zurückdenken. Das kann zu einer kreativen Ladehemmung führen. In solchen Fällen kann es sinnvoller sein, wenn Sie zunächst mit einem Angriff üben, den Sie nicht selbst zu hören bekommen haben. Suchen Sie sich eine blöde Bemerkung aus der nachfolgenden Liste heraus. Wenn Ihnen alle Kontra-Strategien geläufig sind, dann nehmen Sie die Attacken, die Sie erlebt haben.

Angriffe zum Üben:

- »Sie träumen wohl, während ich mit Ihnen rede.«
- »Das finde ich total hässlich. Du hast einen absolut dämlichen Geschmack.«
- »Einbildung ist auch eine Bildung.«

- »Wer so wenig Ahnung hat wie du, sollte lieber seinen Mund halten.«
- »Wir wissen doch alle, dass du inkompetent bist.«
- »Typisch Frau!« »Typisch Mann!«
- »Machen Sie den Mund zu, während ich mit Ihnen rede!«

DER ANGRIFF:

_____

_____

Den Gegner ins Leere laufen lassen: Stumme Gesten

- *Das Prinzip:* Sie bleiben stumm und antworten auf den Angriff nur durch Ihre Körpersprache.
  - Starren Sie Ihr Gegenüber mit weit aufgerissenen Augen an, als würden Sie vor einem Außerirdischen stehen. Sagen Sie nichts.
  - Nicken Sie dem Angreifer freundlich zu, so als würden Sie einen alten Bekannten begrüßen.
  - Nehmen Sie sich einen Augenblick Zeit und beobachten Sie Ihren Gesprächspartner neugierig, wie ein seltenes, exotisches Wesen.
  - Sie lächeln weise vor sich hin, als wären Sie gerade erleuchtet worden.
  - Nehmen Sie wortlos einen Notizblock und einen Kugelschreiber und notieren Sie die blöde Bemerkung.
  - Sie machen Ihre Atemübung. Atmen Sie tief ein und anschließend sehr langsam und hörbar aus.
- *Anwendung:* Erklären Sie Ihr Verhalten nicht, selbst wenn Ihr Gegenüber sich plötzlich darüber wundert. Sie kehren zu dem zurück, was Sie eigentlich tun wollten. Lassen Sie sich nicht weiter ablenken und investieren Sie keine Energie mehr in den Angriff.

IHRE KONTRA-STRATEGIE:

_____

_____

_____

DER ANGRIFF:

_____

_____

Die Umleitung

- *Das Prinzip:* Sie antworten nicht auf den Angriff, sondern reden über ein vollkommen anderes Thema.
- *Der Angriff:* »Was haben Sie denn für Flausen im Kopf? Normalerweise sind Sie doch einigermaßen intelligent.«
- *Die Umleitung:* »Apropos, wo wir gerade davon reden. Mögen Sie eigentlich fettarmen Frischkäse? Also mir gibt der nichts. Ich mag lieber pikanten Hartkäse und zwar ...«
- *Weitere Umleitungen:*
  »Also ich finde, im Fernsehen werden zu viele Wiederholungen gezeigt.«
  »Ein heißer, sonniger Sommer ist ja ganz schön, aber zu heiß darf es nun wieder auch nicht sein.«
  »Ich glaube, Immobilien sind in diesen Zeiten eine sichere Geldanlage.«
  »Ich finde, Spargel schmeckt gar nicht so gut.«
  »Am schlimmsten ist doch das Wetter mit dieser feuchten Kälte, die einem so in die Hosenbeine kriecht.«
- *Anwendung:* Wechseln Sie einfach das Thema – ohne Begründung. Widerstehen Sie der Versuchung, dem anderen mit dem neuen Thema doch noch eins auszuwischen. (Wie etwa: »Hast du je deinen Intelligenzquotienten testen lassen?«) Je banaler und nichtssagender die Umleitung ist, desto besser wirkt sie.

IHRE KONTRA-ANTWORT

_____

_____

_____

DER ANGRIFF:

_____

_____

Der zweisilbige Kommentar

- *Das Prinzip:* Den Angriff mit nur zwei Silben kommentieren.
- *Der Angriff:* »Manche kriegen hier ihr Geld offensichtlich nur für ihre hübschen Beine.«
- *Der zweisilbige Kommentar:* »Ach was!«
- *Weitere zweisilbige Kommentare:*
  Aha!
  Soso!
  Oje.
  Potz Blitz.
  Scha-de.
  Sag bloß!
  Oha!
  Ach so?!
- *Anwendung:* Der zweisilbige Kommentar ist eine energiesparende Minimalantwort. Er eignet sich besonders für Leute, die schnell sprachlos sind und denen bei blöden Sprüchen nichts einfällt. Machen Sie nach den zwei Silben tatsächlich einen Punkt. Sagen Sie nichts mehr, auch wenn Sie gerne nachlegen würden.

IHRE KONTRA-ANTWORT

_____

_____

_____

_____

_____

DER ANGRIFF:

_____

_____

Das unpassende Sprichwort

- *Das Prinzip:* Antworten Sie mit einem Sprichwort, das überhaupt *nicht* zu dem Angriff passt.
- *Der Angriff:* »Dir haben sie wohl ins Gehirn gehustet!«
- *Das unpassende Sprichwort:* »Eine Schwalbe macht noch keinen Sommer.«
- *Weitere Sprichworte:*
    - Hoffen und Harren macht manchen zum Narren.
    - Das dicke Ende kommt zuletzt.
    - Viele Köche verderben den Brei.
    - Morgenstund hat Gold im Mund.
    - Kindermund tut Wahrheit kund.
    - Die Bratwurst sucht man nicht im Hundestall.
    - Das Wasser hat keine Balken.
    - Zu viele Meister verderben den Kleister.
    - Wer den Teufel an die Wand malt, spart die Tapete.
    - Lieber breit grinsen als schmal denken.
    - Lieber Glück im Unglück als Pech in der Strähne.
- *Anwendung:* Benutzen Sie das unpassende Sprichwort immer dann, wenn Sie keine Lust haben, sich mit einer dummen Bemerkung näher zu befassen. Lassen Sie den Angreifer in seiner Verwirrung schmoren.

IHRE KONTRA-ANTWORT

_____

_____

_____

_____

DER ANGRIFF:

_____

_____

Die entgiftende Gegenfrage

- *Das Prinzip:* Nehmen Sie das Wort, das Sie verletzt oder trifft. Fragen Sie den Angreifer, was dieses giftige Wort bedeutet.
- *Der Angriff:* »Sie haben da ja einen riesen Blödsinn gemacht.«
- *Die entgiftende Gegenfrage:* »Was meinen Sie genau mit ›riesen Blödsinn‹ ?«
  »Was meinen Sie mit (giftiges Wort einsetzen)?«
  »Was meinst du, wenn du sagst (giftiges Wort einsetzen)?«
  »Wie definieren Sie (giftiges Wort einsetzen)?«
  »Interessant. Was genau bedeutet (giftiges Wort einsetzen) für Sie?«
- *Anwendung:* Benutzen Sie die entgiftende Gegenfrage, wenn Sie unsachlich kritisiert werden. Damit halten Sie verletzende Worte auf Abstand und geben Ihrem Gegenüber eine Chance, doch noch sachlich zu werden.

IHRE KONTRA-ANTWORT

_____

_____

_____

_____

_____

_____

_____

_____

DER ANGRIFF:

_____

_____

Nachgeben und zustimmen

* *Das Prinzip:* Ihr Angreifer will Recht haben und kämpft dafür. Stimmen Sie zu, geben Sie ihm Recht. Sagen Sie dem anderen, dass Sie gern bereit sind nachzugeben, wenn ihm das hilft.
* *Der Angriff:* »Du siehst heute zum Gruseln aus. Du hast wohl im Heuschober geschlafen.«
* *Die Zustimmung:* »Wenn es dir dadurch besser geht, gebe ich dir gerne Recht.«
  »Stimmt. Du hast Recht.«
  »Hilft es dir, wenn ich dir Recht gebe?«
  »Ich stimme Ihnen gern zu, wenn es Ihnen dadurch besser geht.«
  »Ja, Sie haben vollkommen Recht. Geht es Ihnen jetzt besser?«
  »Wenn Sie es brauchen, stimme ich Ihnen gerne zu.«
* *Anwendung:* Diese Strategie können Sie überall dort anwenden, wo Ihnen das Genörgel und die Aufgeblasenheit von anderen gegen den Strich geht. Aber geben Sie nur dort dem anderen Recht, wo Sie es unbeschadet tun können.

IHRE KONTRA-ANTWORT

_____

_____

_____

_____

_____

_____

DER ANGRIFF:

_____

_____

Zustimmung mit Beharrlichkeit

- *Das Prinzip:* Zeigen Sie dem Angreifer, dass Sie seine Sicht-weise verstehen, *und* bleiben Sie beharrlich bei dem, was Sie wollen.
- *Der Angriff:* »Nun überlegen Sie doch nicht so lange. Es kann doch nicht so schwer sein, einfach Ja zu sagen.«
- *Zustimmung mit Beharrlichkeit:* »Ich kann gut verstehen, dass Sie eine schnelle Antwort möchten. Und ich brauche noch einen Tag Bedenkzeit.«
  »Ich kann mir vorstellen, dass du so denkst. Und ich möchte … (Jetzt kommt Ihr Anliegen).«
  »Ich an Ihrer Stelle würde wahrscheinlich auch so reagieren. Und es geht darum, dass … (Kommen Sie zurück auf die Sache).«
  »Ich an Ihrer Stelle würde das auch sagen. Und wir haben weiterhin das Problem … (zurück zur Sache)«
- *Anwendung:* Benutzen Sie die Zustimmung mit Beharrlichkeit immer dann, wenn Sie wichtige Gespräche oder Verhandlun-gen führen. Bügeln Sie den Angriff mit Verständnis ab und kommen Sie auf Ihren Wunsch oder auf die Sache zurück.

IHRE KONTRA-ANTWORT

_____

_____

_____

_____

_____

DER ANGRIFF:

_____

_____

Das Kompliment

- *Das Prinzip:* Setzen Sie Ihren Gegner schachmatt, indem Sie ihn oder sie bewundern und loben.
- *Der Angriff:* »Wenn Sie so überempfindlich reagieren, werden Sie nie erfolgreich sein.«
- *Das Kompliment:* »Ich bewundere Ihr Wissen und Ihre Weisheit.«
  »Ich mag die Art, wie Sie die Worte aneinander reihen.«
  »Ich bin schwer beeindruckt.«
  »Vielen Dank für diese Lebenshilfe.«
  »Sie sind mir haushoch überlegen.«
  »Vielen Dank für deine wunderbaren Ratschläge.«
- *Anwendung:* Je übertriebener Sie loben, desto härter wirkt diese Strategie. Sie können milde bleiben, etwa so: »Sie wissen es einfach besser als ich.« Oder ironisch werden und den Widersacher aufs Podest stellen: »Sie sind mir haushoch überlegen.«

IHRE KONTRA-ANTWORT

_____

_____

_____

_____

_____

_____

_____

DER ANGRIFF:

_____

_____

Die sachliche Feststellung

- *Das Prinzip:* Bleiben sie vollkommen ruhig und nehmen Sie den Angriff nicht persönlich. Sie konzentrieren sich auf den Zustand Ihres Gegners. Spiegeln Sie den Zustand kurz und nüchtern zurück.
- *Der Angriff:* »Was Sie da verzapft haben, ist der größte Unsinn, den ich je gesehen habe.«
- *Die sachliche Feststellung:* »Ihnen gefällt meine Arbeit nicht.« Oder: »Sie haben etwas anderes erwartet.«

- *Der Angriff:* »So einen dummen Vorschlag hätte ich von dir nicht erwartet.«
- *Die sachliche Feststellung:* »Du bist noch skeptisch.« Oder: »Mein Vorschlag gefällt dir nicht.«

- *Der Angriff:* »Sie Hornochse!«
- *Die sachliche Feststellung:* »Sie sind jetzt sehr ärgerlich.«

- *Anwendung im Alltag:* Benutzen Sie die sachliche Feststellung immer dann, wenn Sie die Anklage oder die Verurteilung des Angreifers auf Distanz halten wollen. Besonders wirkungsvoll ist die sachliche Feststellung bei unsachlicher Kritik, bei Vorwürfen und Nörgeleien.

IHRE KONTRA-ANTWORT

_____

_____

DER ANGRIFF:

_____

_____

Die Konfrontation

- *Das Prinzip:* Die Beleidigung klar benennen, den Angreifer damit konfrontieren und eine Entschuldigung fordern.
- *Der Angriff:* »Schalten Sie doch zuerst Ihr Gehirn an, bevor Sie den Mund aufmachen.«
- *Die Konfrontation:* »Mit dieser Bemerkung haben Sie mich beleidigt. Ich erwarte, dass Sie sich dafür entschuldigen.«
  »Mit den Worten ... (Wiederholen Sie die kränkenden Worte) haben Sie mich beleidigt. Ich erwarte von Ihnen eine Entschuldigung.«
  »Das war eine Beleidigung. Lassen Sie solche Bemerkungen!«
  »Du beleidigst mich. Ich erwarte, dass du dich dafür entschuldigst.«
  »So möchte ich mit Ihnen nicht mehr weiterreden. Hören Sie auf mich zu beleidigen.«
- *Anwendung:* Ändern Sie Ihr gesamtes Verhalten. Zeigen Sie Ihre ganze Macht und werden Sie streng. Die Antwort des Angreifers ist dabei nicht so wichtig. Hauptsache, Sie ziehen eine klare Grenze und machen deutlich, dass Sie sich so nicht mehr behandeln lassen.

IHRE KONTRA-ANTWORT

_____

_____

_____

_____

DER ANGRIFF:

_____

_____

Klartext sprechen

- *Das Prinzip:* Sprechen Sie kurz und präzise das an, was Sie verletzt oder ärgert.
- *Der Angriff:* »Wahrscheinlich übersteigt das Ihre Auffassungsgabe.«
- *Klartext sprechen:* »Das, was Sie eben sagten, klingt für mich wie ein Angriff.«
  »Sie sagten ... (Wiederholen Sie die herabsetzende Bemerkung). Damit kränken Sie mich.«
  »Das, was du sagst, verletzt mich.«
  »Deine Bemerkung ... (Wiederholen Sie die Bemerkung) ist eine Stichelei.«
  »Mit solchen Bemerkungen schaffen Sie eine unnötige Kampfstimmung.«
- *Anwendung:* Keine Sprüche und Sticheleien, wenn es um etwas Wichtiges geht. Wenn es Ihnen zu dumm wird, steigen Sie aus dem normalen Gesprächsfluss aus. Benennen Sie das, was Ihr Gegenüber gerade tut.

IHRE KONTRA-ANTWORT

_____

_____

_____

_____

_____

_____

DER ANGRIFF:

_____

_____

Spielregeln klären

- *Das Prinzip:* Sie schlagen Ihrem Gegenüber bessere Umgangsformen vor.
- *Der Angriff:* »Wenn du so denkst, dann tust du mir wirklich
  leid.«
- *Spielregeln klären:* »Ich möchte mit dir diesen Punkt in Ruhe
  besprechen. Hör bitte mit den Sticheleien auf.«
  »Bitte lassen Sie uns sachlich bleiben.«
  »Lassen Sie uns nicht auf dieser Ebene weiterreden. Ich schlage
  vor, wir ...«
  »Ich würde das Thema gern kurz und bündig, ohne Angriffe
  besprechen. Können wir uns darauf einigen?«
  »Sie haben mich schon zum zweiten Mal unterbrochen. Ich
  schlage vor, wir lassen einander ausreden.«
- *Anwendung:* Wenn Angriffe die Kommunikation sabotieren,
  dann lenken Sie das Gespräch in eine konstruktive Richtung.
  Das ist besonders wichtig, wenn Sie langfristig mit jemandem
  gut auskommen wollen.

IHRE KONTRA-ANTWORT

_____

_____

_____

_____

_____

_____

_____

Die Kontra-Antwort aus-wählen

Sie können die Kontra-Antworten aus diesem Buch verwenden, wie Sie es für richtig halten. Da keine wirklich beleidigend ist, können Sie mit jeder dieser Selbstverteidigungsstrategien den Angriff zuerst abwehren und anschließend ein vernünftiges Gespräch ansteuern. Dennoch können Sie sich mit den einzelnen Selbstverteidigungsstrategien auch ganz gezielt verteidigen:

Wenn Sie *Provokationen stoppen* und den Angreifer ins Leere laufen lassen wollen, eignen sich besonders folgende Strategien:
- den Angreifer ignorieren
- stumme Gesten
- der zweisilbige Kommentar

Wenn Sie mehr oder minder stark Kontra geben wollen, aber *wenig Interesse an einer anschließenden Auseinandersetzung* haben, dann empfehle ich Ihnen:
- das unpassende Sprichwort
- Nachgeben und Zustimmen
- das Kompliment

Wenn Sie mitten in einem wichtigen Gespräch, einer Diskussion oder einer Verhandlung angegriffen werden, können Sie sich mit diesen Strategien gut verteidigen und *wieder auf die Sachebene zurückkommen*:

- die entgiftende Gegenfrage
- Zustimmung mit Beharrlichkeit
- die sachliche Feststellung
- Klartext sprechen
- Spielregeln klären

Wenn Sie einen sehr *unverschämten Angreifer deutlich stoppen* wollen, dann benutzen Sie
- die Konfrontation

Vertrauen Sie Ihrem Gefühl

Welche der vielen möglichen Kontra-Antworten Sie im Ernstfall tatsächlich benutzen, hängt auch von der Situation ab, in der Sie sich gerade befinden. Dabei spielen folgende Fragen eine Rolle:

Was wollten Sie ursprünglich, bevor Sie angegriffen wurden?
Die Faustregel lautet: Je wichtiger das ursprüngliche Vorhaben ist, desto weniger Energie in die dumme Bemerkung investieren.

Welche Beziehung haben Sie zu Ihrem Gegenüber?
Je enger und bedeutsamer die Beziehung zum Angreifer ist, desto eher lohnt es sich, von der Spruchebene herunterzukommen und die Spielregeln zu klären oder Klartext zu reden.

Welche Antworten passen zu Ihrer Persönlichkeit? Was liegt Ihnen besonders?
Es gibt Kontra-Antworten, die Ihnen auf Anhieb gefallen, während andere vielleicht etwas mehr Mut erfordern, und einige gehen Ihnen womöglich ganz gegen den Strich. Machen Sie es sich leicht. Fangen Sie mit dem an, was zu Ihnen passt.

Was fällt Ihnen am schnellsten ein?
Vielleicht gibt es von den elf Kontra-Strategien eine, die Ihnen sofort nach dem Angriff in den Sinn kommt. Greifen Sie zu.

Was möchten Sie gern einmal ausprobieren?
Angriffe sind eine sehr unangenehme Angelegenheit. Wenn Sie schon damit zu tun haben, dann machen Sie doch das Beste daraus. Experimentieren Sie mit Kontra-Antworten, die Sie gerne einmal ausprobieren würden. Nutzen die Situation, um neue Erfahrungen zu machen.

Manchmal ist es schwer, all diese Gesichtspunkte bei einem Angriff zu berücksichtigen, deshalb kann es einfacher sein, wenn Sie zunächst nur die Prinzipien oder den Geist dieser Selbstverteidigungsstrategien in sich aufnehmen. Vertrauen Sie im Ernstfall auf Ihre Intuition. Wenn Sie das Gefühl haben, dass es besser ist, den Angreifer nicht weiter zu beachten, dann nutzen Sie eine der Strategien, mit denen Sie den Gegner ins Leere laufen lassen. Vielleicht gibt es eine, die Sie sowieso gerne ausprobieren würden.

Wenn Sie das Gefühl haben, die sachliche Ebene geht verloren, dann ist es besser, Sie lassen sich nicht auf die Spruchebene herab, sondern kommen direkt wieder zum eigentlichen Thema. Meistens haben wir ein gutes Gespür dafür, was im Moment angemessen ist. Falls Sie ein wenig ängstlich sind, ist es besonders **Vertrauen Sie im Ernst-** wichtig, dass Sie Ihre Gefühle ernst **fall Ihrer Intuition.** nehmen. Fangen Sie mit dem an, was Sie sich zutrauen. Tasten Sie sich langsam vorwärts. Sie müssen nichts leisten oder beweisen. Niemand wird Ihnen einen Tapferkeitsorden verleihen, wenn Sie besonders mutig waren. Gehen Sie immer nur so weit, wie es für Sie stimmig und passend ist.

Ein wichtiges Kennzeichen dafür, dass Sie richtig liegen, ist Ihr Vergnügen. Wenn Sie Spaß haben, neugierig sind und sich weniger darum kümmern, was der Angreifer von Ihnen denkt, dann sind Sie dabei, sich wirksam selbst zu verteidigen.

Eine tröstliche Geschichte zum Schluss

Stellen Sie sich vor, dass diese Erde ausschließlich von Buddhas bewohnt wird, dass jedes Wesen, dem Sie begegnen, erleuchtet ist – mit einer Ausnahme: Sie selbst! Stellen Sie sich vor, dass alle diese Buddhas da sind, um Sie zu belehren. Jede Person, der Sie begegnen, tut alles nur zu Ihrem Wohle; jegliches Verhalten dient allein nur dazu, Ihnen diejenigen Lehren und Hindernisse zu bieten, die Sie brauchen, um zu erwachen.

Jack Kornfield

Ich hatte an dem Tag lange genug an diesem Buch gearbeitet. Ich ging ins Kaufhaus und wollte mir ein wirklich gutes Fahrradschloss kaufen. Ich hatte Glück. Eine Verkäuferin holte Bügelschlösser aus einer großen Kiste und warf sie auf einen Verkaufstisch. Die sahen wirklich stabil aus. Ich nahm eines in die Hand, nur der Preis fehlte daran. »Bitte, was kosten die Fahrradschlösser?«, fragte ich die Verkäuferin, die wieder einen Schwung dieser Schlösser auf den Verkaufstisch warf. »Ja sind Sie blind oder können Sie nicht lesen?«, fauchte sie, ohne mich anzusehen. »Hier auf dem großen Schild steht groß und deutlich der Preis.« Über dem Verkaufstisch hing tatsächlich ein großes Schild mit dem Preis. Ich hatte es einfach nicht gesehen. Ich murmelte etwas irritiert: »O

Verzeihung«, legte das Schloss zurück und ging weiter. Nach etwa einer Minute fing ich an, mich zu ärgern. Ich hatte eine höfliche Frage gestellt und nur eine patzige Antwort bekommen. Und das ausgerechnet mir! Ich arbeitete gerade an einem Buch zur Selbstverteidigung mit Worten, gebe dazu Seminare, Trainings und das schon seit Jahren, ich erkläre anderen Leuten, was sie auf solche Patzigkeiten antworten können, und dann fällt mir nichts anderes ein, als mich zu entschuldigen! (Nur gut, dass keiner meiner Seminarteilnehmer/innen das gesehen hat.) Während ich ziellos durch das Kaufhaus lief, ging mir die Situation wieder und wieder durch den Kopf. Was hätte ich antworten können, als die Verkäuferin mich fragte, ob ich nicht lesen könne? Eine entgiftende Gegenfrage stellen, etwa: »Was verstehen Sie unter › lesen‹?« Oder ein kleines Lob: »Mir gefällt die Art, wie Sie mit den Kunden umgehen.« Oder hätte ich ganz professionell antworten sollen: »Ich bin Kommunikationstrainerin. Wenn Sie daran interessiert sind, bessere Verkaufsgespräche zu führen, dann wenden Sie sich ruhig an mich. Hier ist meine Visitenkarte.« Tatsächlich blieb ich stumm. War ich etwa unfähig, das zu tun, was ich in meinen Seminaren unterrichtete? Schrieb ich die Bücher, die ich selbst am dringendsten lesen musste?

Dann fiel mir auf, dass ich mich schon viel zu lange mit einer Sache beschäftigte, die real höchstens neunzig Sekunden gedauert hatte. Warum war ich so fassungslos? Ich irrte immer noch durchs Kaufhaus und hatte immer noch kein Fahrradschloss gekauft, ich war also weit entfernt von meinen ursprünglichen Plänen. Mittlerweile plante ich ein Buch zu schreiben über die mangelnde Höflichkeit in Kaufhäusern. Erst in der Cafeteria kam ich langsam zur Besinnung. Ich verstand, was passiert war.

In der buddhistischen Zen-Meditation wird darauf geachtet, dass der Meditierende nicht einschläft oder langsam wegdöst. Dazu verabreicht ein Zen-Meister leichte Stockschläge auf die Schultern des Meditierenden. Das dient nicht der Bestrafung, sondern soll die Energie wieder in Bewegung bringen. Diese leichten Stockschläge werden mit einem sehr präzisen Ritual ausgeführt. Durch viele Verbeugungen wird der gegenseitige Respekt ausgedrückt. Genau das ist mir auch passiert. Das Leben ist eine gütige Zen-Meisterin, die mich sanft aufgeweckt hat. Ich war gerade dabei, mit meinen vertrauten Meinungen und Überzeugungen einzuschlafen. Falls ich je gedacht hatte, dass wir uns *immer* mit Worten verteidigen können, dann war diese Illusion jetzt zerstört. Es gibt Situationen, da erwischt es uns eiskalt. Uns fällt nichts ein – obwohl wir unsere Schlagfertigkeit eifrig trainiert haben, obwohl wir uns geschworen haben, souverän und machtvoll aufzutreten, unseren Schutzschild aufzubauen und uns nicht treffen zu lassen. Es geht nicht darum, immer richtig zu reagieren. Viel wichtiger ist, dass wir uns selbst nicht angreifen, dass wir mit unserer eigenen Unvollkommenheit Freundschaft schließen. Vielleicht gelingt es uns dann zu akzeptieren, dass auch die anderen unvollkommen sind.

Literatur

Berckhan, Barbara/Krause, Carola/Röder Ulrike: *Schreck lass nach! Was Frauen gegen Redeangst und Lampenfieber tun können.* Düsseldorf 1995

Berckhan, Barbara: *Die etwas gelassenere Art, sich durchzusetzen. Ein Selbstbehauptungstraining für Frauen.* München, 11. Aufl. 1997

Bovay, Michel/Kaltenbach, Laurent/Smedt, Evelyn de: *Zen. Praxis und Lehre. Geschichte und Perspektiven.* München 1996

Brück, Regina von/Brück, Michael von: *Die Welt des tibetischen Buddhismus. Eine Begegnung.* München 1996

Conze, Edward: *Buddhistisches Denken. Drei Phasen buddhistischer Philosophie in Indien.* Frankfurt am Main 1988

Goleman, Daniel: *Emotionale Intelligenz.* München 1996

Haerlin, Peter: *Wie von selbst. Vom Leistungszwang zur Mühelosigkeit.* Berlin 1995

Heckler, Richard S.: *Aikido und der Neue Krieger.* Essen 1988

Hesse, Jürgen/Schrader, Hans Christian: *Krieg im Büro. Konflikte am Arbeitsplatz und wie man sie löst – Ratgeber für Betroffene und Vorgesetzte.* Frankfurt am Main 1993

Hyams, Joe: *Der Weg der leeren Hand.* München 1991

James, Jennifer: *Defending Yourself Against Criticism. The Slug Manual.* New York 1993

Johanson, Greg/Kurtz, Ron: *Sanfte Stärke. Heilung im Geiste des Tao te king.* München 1993

Keeney, Bradford P.: *Improvisational Therapy. Ein Leitfaden zur Entwicklung kreativer Strategien.* Paderborn 1991

Kornfield, Jack: *Frag den Buddha – und geh den Weg des Herzens.* München 1995

Leria, Michael M.: *Street-Zen. Der neue Übungsweg zu Bewegung und Ruhe.* München 1996

Maturana, Humberto: *Was ist Erkennen?* München 1994

Naumann, Frank: *Miteinander streiten. Die Kunst der fairen Auseinandersetzung.* Reinbek bei Hamburg 1995.

Nocquet, André: *Der Weg des Aikido. Leben und Vermächtnis des Aikido-Gründers O-Sensei Morihei Uyeshiba.* Leimen 1988

Ornstein, Robert: *Evolution des Bewußtseins. Ursprünge und Perspektiven.* Freiburg i. Br. 1996

Parry, Danaan: *Krieger des Herzens.* Freiburg i. Br. 1992

Protin, André: *Aikido. Die Kampfkunst ohne Gewalt: Ein Weg der Selbstfindung und Lebensführung.* München, 6. Aufl. 1997

Quinn, Khaleghl: *Hände weg! Selbstverteidigung für Frauen.* Frankfurt am Main, 2. Aufl. 1995

Redlich, Alexander: *Konflikt-Moderation. Handlungsstrategien für alle, die mit Gruppen arbeiten.* Hamburg 1997

Reichle, Verena: *Die Grundgedanken des Buddhismus.* Frankfurt am Main 1994

Satir, Virginia/Englander-Golden, Paula: *Sei direkt. Der Weg zu freien Entscheidungen.* Paderborn 1994

Schulz von Thun, Friedemann: *Miteinander reden. Störungen und Klärungen. Allgemeine Psychologie der Kommunikation.* Reinbek bei Hamburg 1981

Schulz von Thun, Friedemann: *Miteinander reden 2. Stile, Werte und Persönlichkeitsentwicklung. Differentielle Psychologie der Kommunikation.* Reinbek bei Hamburg 1989

Scott-Morgan, Peter: *Die heimlichen Spielregeln. Die Macht der ungeschriebenen Gesetze im Unternehmen.* Frankfurt am Main 1994

Senger, Harro von: *Strategeme. Anleitung zum Überleben. Chinesische Weisheit aus drei Jahrtausenden.* München 1996

de Shazer, Steve: *Das Spiel mit Unterschieden. Wie therapeutische Lösungen lösen.* Heidelberg, 2. Aufl. 1994

Stone, Hal/Stone, Sidra: *Du bist richtig. Mit der Voice-Dialogue-Methode den inneren Kritiker zum Freund gewinnen*. München 1996

Thomann, Christoph/Schulz von Thun, Friedemann: *Klärungshilfe. Handbuch für Therapeuten, Gesprächshelfer und Moderatoren in schwierigen Gesprächen. Theorien, Methoden, Beispiele*. Reinbek bei Hamburg 1988

Trevisan, Adriano: *Aikido. Das große Lehr- und Übungsbuch*. München 1995

Varela, Francisco J./Thompson, Evan/Rosch, Eleanor: *Der Mittlere Weg der Erkenntnis. Der Brückenschlag zwischen Ich und Welt in der Kognitionswissenschaft*. München 1995